歴史文化ライブラリー

405

神都物語

伊勢神宮の近現代史

ジョン・ブリーン

吉川弘文館

目　次

伊勢神宮というパラドックス―プロローグ……1
古くて新しい伊勢神宮／過去と現在／国家と伊勢／国民と伊勢／天皇と伊勢／研究の現状／本書のねらい

「神都」の形成過程　明治期の伊勢神宮

近代の神宮と天皇の「大廟」……14
伊勢神宮の新たな出発／明治天皇と伊勢神宮／廃仏に向けての浦田長民と神宮の改革／内宮が外宮の上にたつ／神宮廃止論／儀礼の改革／神宮の変貌／伊勢大廟

近代の宇治山田と地域社会……31
宇治山田の危機／参拝者の削減と神宮の財政問題／神宮大麻と頒布問題／神宮教院と地域社会／近代的伊勢信仰の創造／伊勢神宮と神宮教／明治期の宇治山田／旅籠屋としての発展／妓楼から旅籠屋へ

神苑会と「神都」の形成……46

伊勢の神都構想／神苑の整備／倉田山の特徴／残された課題／「神都」と神苑会の遺産

大正・昭和期の国民と伊勢神宮

一九二九年の式年遷宮 …… 62

国民と伊勢神宮／昭和天皇と遷御儀礼／天皇儀礼としての式年遷宮／天皇の意志と式年遷宮／遷御の政治性／遷御—近代の国家儀礼／国民儀礼としての遷御／全国的な奉祝

大正・昭和の伊勢神宮を語る …… 75

メディアにみる伊勢神宮／新聞の論調／国定教科書のなかの伊勢神宮／『小学読本』で伊勢参拝を勧める／天皇の神格化

伊勢神宮の広報 …… 86

神宮教、神宮奉賛会の成立／奉賛会の広報活動／神宮大麻の頒布

伊勢の参拝空間 …… 93

参拝者の復活／修学旅行参拝／遠路東京からの修学旅行／宇治山田への旅／伊勢の参拝経験／「大神都聖地計画」の実現へ／神都の実現に向けて／伊勢と戦争／戦災／天皇と伊勢の終戦

戦後日本と伊勢神宮

終戦の危機と式年遷宮―一九五三年……112
国家の護持を離れて／総司令部と神宮／神宮は廟か神社か／神宮規則／戦後初の式年遷宮に向けて／伊勢神宮式年遷宮奉賛会／式年遷宮が復活する／国民のための式年遷宮

伊勢神宮の「脱法人化」と式年遷宮―一九七三年……129
神宮と天皇／神宮問題／脱法人化をねらう／総理大臣池田勇人と伊勢神宮／池田勇人の神宮観／昭和天皇の式年遷宮許可／神社界の新戦略／財界の動員／『伊勢神宮式年遷宮の本義』の語るもの／七〇年代のメディアと伊勢神宮

聖地と俗地の伊勢―一九九三年の式年遷宮……147
伊勢の地政学と参拝者／おはらい町の再生とおかげ横丁の開発／参拝者数の変化と地域開発／神宮が目指す式年遷宮の変化／「千古かわらぬ」伊勢神宮／神宮大麻の頒布／伊勢神宮のブランド化／天皇の積極的な関わり／マス・メディアの報道／報道姿勢の変化

伊勢神宮の現在―エピローグ……171

あとがき

資料・参考文献

伊勢神宮というパラドックス——プロローグ

1　伊勢神宮というパラドックス

古くて新しい伊勢神宮

志摩半島（三重県）に位置する伊勢は、日本で最も重要な聖地の一つである。天《あま》照大神《てらすおおみかみ》を祀る内宮《ないくう》と豊受《とようけ》大神を祀る外宮《げくう》の二つの社を中核に、一四の別宮《べつぐう》と一〇九の摂社《せつしや》・末社《まつしや》・所管社を含む一二五を数える神社群が存在する。

図1でも分かるように、外宮は山田というまちに、内宮はその南へ約六キロ離れた宇治というまちにある。宇治と山田は、江戸期は度会《わたらい》郡宇治町および度会郡山田町と、行政は別々になされていたが、近代になって宇治山田町ができ（一八八九年〈明治二二〉から）、また宇治山田市（一九〇五年から）となった。伊勢市ができるのは戦後の一九五五年（昭和三〇）である。

伊勢は、日本で最も古い聖地の一つであると同時に最も新しい聖地でもある。古いとは、七世紀末以来、天照大神を最も偉大な太陽の神とし、同時に天皇家の祖先神として、ここに祀ってき

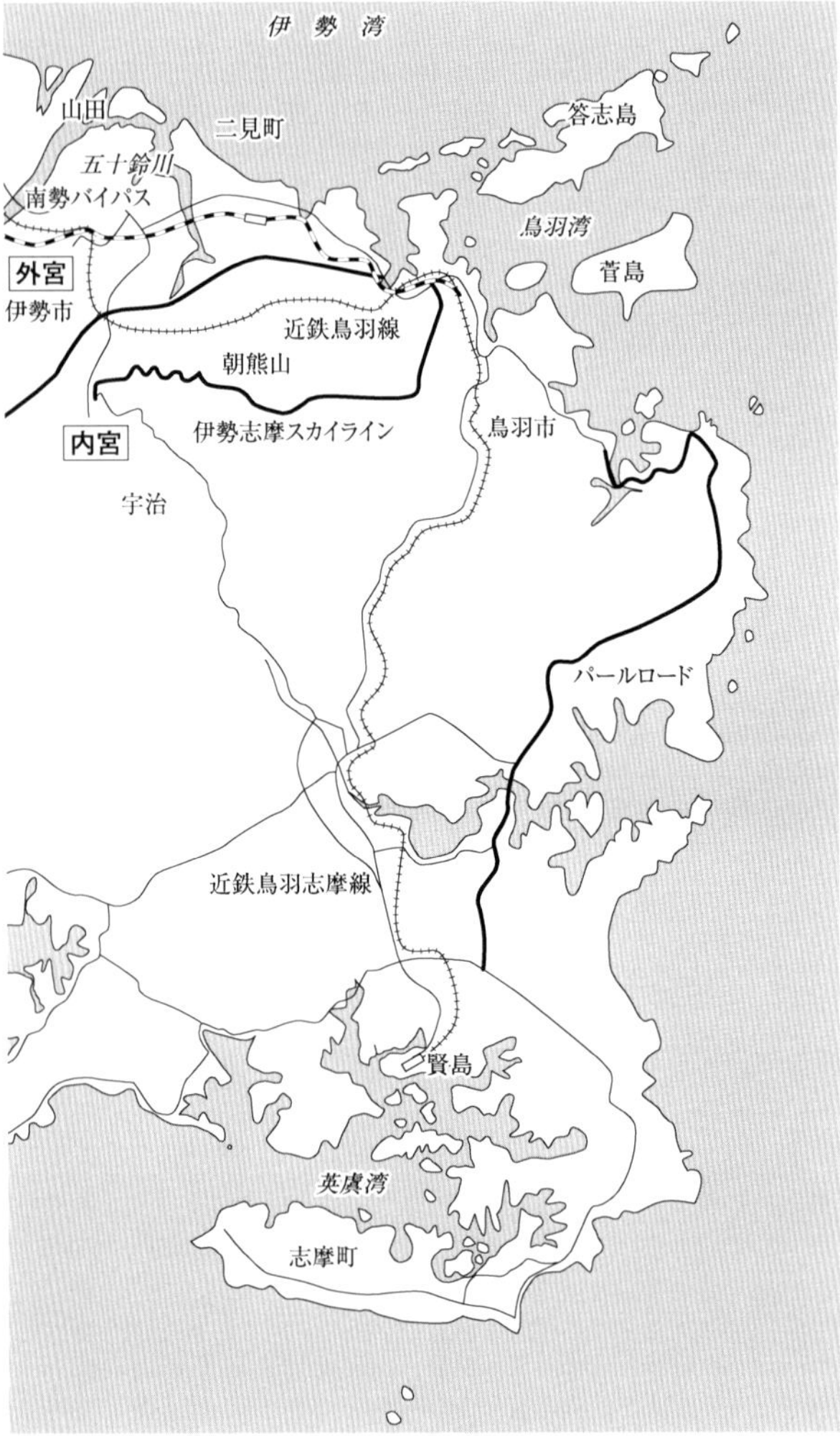
伊勢湾
山田
二見町
答志島
五十鈴川
南勢バイパス
鳥羽湾
外宮
菅島
伊勢市
近鉄鳥羽線
朝熊山
鳥羽市
伊勢志摩スカイライン
内宮
宇治
パールロード
近鉄鳥羽志摩線
賢島
英虞湾
志摩町

図１　志摩半島の地図

図2　上空からみた内宮（2012年）（神宮司庁『伊勢の神宮　Jingu』）

たことによる（神宮の見解ではさらに紀元前四年の垂仁《すいにん》天皇の時代までさかのぼる）。七世紀以前の伊勢も太陽を拝む聖地だったが、その太陽は、天皇家と関係のない土着の神だった。その神が、七世紀末ごろに天照大神に仕える豊受大神へと変身した。

また、伊勢が最も新しい聖地だというのは、今の内宮も外宮も二〇一三年（平成二五）に完成し、天照大神と豊受大神が同年一〇月上旬新しい社殿に遷ったばかりだからである。神宮は二〇年ごとに造りかえられ、二〇年ごとに神々が遷る。この神々の移動を伊勢では遷御《せんぎょ》と呼ぶ。神々は一度、旧殿から隣接地に建つ新殿へ遷る。旧殿はその後解体され、空地となり、二〇年後には、その空地に新たな社殿が建てられ、神々はまたも遷る。このように、遷御は東西隣接地間を往復するものである。

この遷御は実は一〇年にもわたる長いプロセスのクライマックスにすぎない。はじめに八年前から造営に使用する檜の木を伐採する。内宮、外宮、別宮などの造営に一万三〇〇〇本の檜を必要とするが、それを長野県の木曾谷と岐阜県の裏木曾の国有林より調達する。その木材を伊勢まで運搬してから製材に取りかかる。さらに、屋根に葺く萱二万数千束を一〇年間かけて集める。天照大神などの神々に捧げる「御装束神宝」も新しくつくられる。衣服や服飾品といった御装束や、紡績具《ぼうせきぐ》、馬具、武具等の神宝を新調するための材料を調達し、職人たちを依頼調整する必要もある。そして、それぞれの営みには厳かな儀礼を伴う。

過去と現在

伊勢では、このプロセス全体を「式年遷宮《しきねんせんぐう》」と呼ぶ。「式年」は「定められた年」の意味で、遷宮は文字通り「宮を遷る」ことをいう。この式年遷宮も、七世紀末までさかのぼり長い伝統を有する。戦国時代に百数十年行われなかったという歴史的断絶はあったが、現在までほぼ一三〇〇年も続いたことは、日本文化史上、いや世界文化史的にみても特筆に値する。

二〇年に一度行われてきた式年遷宮は、伊勢神宮の常なる「新しさ」を保証してきた。しかし、今の伊勢神宮が七世紀の様式と同じでもなければ、今の遷御儀礼が一三〇〇年前のそれと同じというわけでもない。むしろその逆だろう。式年遷宮は、伊勢神宮が時代ごとに自らを調整し、時代状況に合わせていく、重大な契機となってきたのである。これこそ、伊勢神宮が現在まで存続してこられた秘密なのかもしれない。「永久不変」などともいわれる伊勢神宮は、実に二〇年に一度の遷宮を軸に常に変容する新しい存在である。

この変容現象は、本書が扱う近現代史において特に著しい。それについては本文で詳しく述べるが、ここでは伊勢神宮が二一世紀の日本にとってどれだけ重要な聖地なのかを確認したい。それは伊勢の国家との関係、国民との関係、そして天皇との関係をみればはっきりと分かる。

国家と伊勢

式年遷宮は戦後四回行われたが、遷御当日に参列した総理大臣は、安倍晋三《あべしんぞう》だけである。その意味で、二〇一三年一〇月二日の遷御は画期的であった。戦前の「国家神道」最盛期に行われた遷御儀礼（一九二九年）に浜口雄幸《おさち》総理が参列して以来、安倍の参列は八四年ぶりで史上二度目になる。戦後、伊勢神宮は国家から離れて私的宗教法人となったため、プライベートな儀礼であるはずの遷御に、総理が現れたのである。安倍は、天照大神の新殿への行列を単に見て拝んだのではなく、遷御行列に加わった。内宮の宮域内参列員席に座り、社殿から出てくる天照大神を迎え、新殿まで天照大神とともに向かった。要するに安倍総理は、この遷御儀礼に主体的・能動的に参加したのである。参列を許されたのは、もちろん総理大臣だからである。加えて、麻生太郎《あそうたろう》副総理兼財務相をはじめ八閣僚も一緒に参列した。遷御儀礼は、国

図３　内宮を参拝する安倍晋三総理大臣
（2013年10月２日）（『瑞垣』226号，2013年）

家儀礼化への大きな一歩を踏み出したのである。

当日の記者会見で官房長官は、「私人としての参列だ。国の宗教活動を禁じる政教分離の原則に反するものではなく、本人が個人的に参拝したものだ」と主張した（『朝日新聞』二〇一三年一〇月三日朝刊）が、この発言は不可解である。安倍は明らかに総理として参列したからである。そしてその参列は、遷御の極めて強い政治性を世に示したのである。

そもそも皇室の祖先神を祀っている以上、伊勢神宮は政治と政治権力を抜きにしては理解できない。特に本書で扱う近現代史において、神宮が政治と密接に繋がっていることは明らかである。とはいえ、政治権力のみでは伊勢神宮の現状を理解することは無理である。

二〇一三年の式年遷宮にみる神宮と国民との関係はそのことを示す。

国民と伊勢

二〇一三年一〇月二日夜の遷御にクライマックスを迎えた第六二回の式年遷宮には、五七〇億円という莫大な経費がかかった。天皇と皇后が献進した「御内帑《ごないど》金《きん》」はそのごく一部で、あとはすべて基本的に国民から募った寄付金である。伊勢神宮は、戦後に宗教法人となったため公金はもらえない。日本国憲法第八九条は、国の宗教団体への金銭的サポートを禁じている。五七〇億円の半分以上は、以前から神宮にあった積立金《つみたてきん》、つまり参拝者による神殿建て替え用の寄付金である。残りの経費は、奉賛会《ほうさんかい》という全国的な組織が募った寄付金で賄った。奉賛会は正式には「財団法人伊勢神宮式年遷宮奉賛会」といい、遷宮のために募金活動を行う組織である。二〇〇五年に設立された奉賛会は、今回二二〇億円の寄付金を全国の企業や個人から募ることを目標とし、それを見事に達成した。国民のこうした支援は、今の伊勢神宮を支える欠かせない力である。

国民の支援なしには到底遂行できない、遷宮関係の儀礼もある。それは、お木曳《きひき》行事（二〇〇六年と〇七年）とお白石持《しらいしも》ち行事（二〇一三年）である。前者は長野県と岐阜県にまたがる木曾山から運搬されてきた檜を内宮と外宮に引き入れる行事で、全国から二〇万人が参加した。後者は、内宮と外宮の正殿の敷地にこぶし大の白い石と黒い石を敷き詰める行事で、二三万人といわれる数の人々が参加した。

伊勢神宮の国民との関係は、何よりもその参拝者の数にみえる。神宮司庁（伊勢神宮の事務を司る機関）は毎年参拝者の統計を出しているが、それによると、二〇一三年に九〇〇万人に近い人々が内宮を参拝している。史上最高の記録だ。統計からは参拝動機や信仰心のほどを知るすべはないが、極めて印象的な数字である。

天皇と伊勢

二一世紀の伊勢神宮は、国家との関係と、国民との関係の両方を視野に入れないと理解できない。ただ、伊勢神宮にとって根源的な存在は、天皇である。二〇一三年の式年遷宮で、その事実を簡単に確認しよう。式年遷宮の準備は、天皇の意志表示によって二〇〇五年に始まった。天皇と皇后は、それから毎年遷宮のため御内帑金を献進してきた。諸儀礼の日程も、天皇によって「御治定《じじょう》」された。遷御当日、天皇は東京の皇居にいたが、伊勢に向かって天照大神を「遥拝《ようはい》」した。さらに天皇は、勅使と次男秋篠宮文仁《あきしののみやふみひと》親王を自らの代理として伊勢に派遣していた。なお、昭和天皇の第四皇女池田厚子と今上天皇の長女黒田清子《さやこ》が遷御儀礼の祭主《さいしゅ》・臨時祭主をそれぞれ務めた。天皇は遷御直後に皇居で大宮司と少宮司に謁見を許し、ねぎらいの「お言葉」を賜った。天皇の式年遷宮との直接な関わり合いは、二〇一四年三月の伊勢参拝で終わった。遷御はまぎれもない天皇儀礼である。

これはある意味で至極当然である。創立当時の伊勢神宮は、支配者が太陽＝天照大神を天皇の祖先神として祀るための聖地であった。伊勢神宮が祀る神体は「八咫《やた》の鏡」というが、これは天照大神自身が歴代の天皇に授けたものだと『日本書紀』などの神話は語る。歴代天皇の権威を神々の世界に繋ぎとめることが、伊勢神宮と八咫の鏡の役目であった。ただ、伊勢神宮の長い歴史を振り返れば、天皇との関係が一貫して親密であったわけではない。むしろ、その関係は中世から近世をへて近代まで薄れていく一方だった。そして近代になると、全く新しい、それまでなかった親密な関係が神宮と天皇との間に生まれたのである。本書では、その近代的関係の形成に特に注意を払っていく。

現在の伊勢神宮はこのように、国家とも国民とも天皇とも密接な関係を有する聖地である。言い換えれば、伊勢は政治的にも、社会的にも、文化史的にも極めて重要である。この伊勢神宮は近現代史の遺産であるし、近現代史を研究しなければその形成過程は理解できない。

研究の現状

しかし研究は極めて少なく、伊勢の近代もしくは現代を一冊の本にまとめたものはまだ存在しない。近年になって論文がようやく発表されつつあるが、多くない。数も多く水準も高い前近代の伊勢研究とは、鮮やかな対照をなす。これは不思議な現象である。伊勢の近現代は、神社界の研究者たちには書きにくい側面があるかもしれないが、神社界に属さない研究者までもが敬遠してきたことは理解に苦しむ。

しかし、近現代にしぼった研究は皆無というわけではない。本書の執筆にあたってまず必要不可欠だったのは、神宮司庁編『神宮・明治百年史』上・下（神宮文庫、一九八七・八八年）である。この二巻は、多くの論文や貴重な資料をたくさん載せている重宝なものだが、伊勢の近現代を吟味するものではない。ほかに西川順土の『近代の神宮』（神宮司庁、一九八八年）がある。これは、近世後期から明治までを扱う興味深い論文集で、明治期の伊勢を理解するヒントとなる。中西正幸の一連の研究も近代式年遷宮を知る上では重要で、筆者が学んだことは多い。

ほかに、二〇一二年に刊行された『伊勢市史』第四巻（近代編）と同第五巻（現代編）の二巻がある。これらは伊勢市全体が対象だが、多くの節で伊勢神宮を取り上げている。新しい資料に基づく論考も多く、今後の研究の新しい基盤となることは間違いない。この『伊勢市史』より一世代前には、『宇治山田市史』（一九八八年）と『三重県史』（一九八八年）が刊行されており、これら三つを参照すれば、伊勢の近現代史の大きな流れが把握できるだろう。さらに貴重な情報源として見逃せないのは、伊勢神宮広報誌『瑞垣《みずがき》』と、戦後から刊行が始まった神社本庁の機関誌『神社新報』である。特に『瑞垣』は近現代史を知るための宝庫である。

本書のねらい

伊勢の近現代に関する少ない研究は、ほとんどすべてが神社界または伊勢神宮関係者が執筆したものである。こうしたいわば「インサイダー」的観点は大事ではあるが、歴史を語るのに必要な批判的精神を持たないきらいがある。さらにこれらの研究は、伊勢神宮を政治権力から切り放して論じる特徴がある。

だが本書では、政治権力こそ近代の伊勢を繙く鍵の一つだと考える。政治はすべてではないが、これを抜きにして近代国家に密着した伊勢神宮を理解するのは無理である。しかも、伊勢と政治との関係は一貫して同じものであったわけではない。戦後は伊勢神宮が宗教法人となり、政治から離れていく。しかし、同時に神宮には脱法人化の動きがみえ、国家と新たな関係の可能性を探る。また国民との関係も視野に入れて議論する必要があり、その関係が明治から大正、昭和をへて平成にいたって大きく変容してきたことにも充分留意すべきである。さらに、神宮と天皇については、これも明治に入って大きく動き新たな関係が生まれ、大正から昭和にかけていっそう親密なものとなる。神宮と天皇との関係は、戦後にまたも動揺し、戦後の式年遷宮を契機に徐々に密接になっていく。本書は国家と国民と天皇との関係を軸に、伊勢のダイナミックな近現代史を忠実に語ることをねらいとする。

本書の構成に関しては、明治から時代を追って語ることを基本とし、二〇世紀末までを主な対象とする。まず「「神都」の形成過程」では、明治天皇の画期的な伊勢参拝から語りはじめ、二〇世紀初年までの伊勢の変貌を追う。次いで「大正・昭和期の国民と伊勢神宮」では、一九二九年の式年遷宮を中心に、一九一〇年代から終戦までのいわば「国家神道」最盛期を焦点とする。最後に「戦後日本と伊勢神宮」では、一九五三年、七三年そして九三年に行われた式年遷宮を軸とし、宗教法人「神宮」が歩んできた葛藤に満ちた戦後に迫る。

「神都」の形成過程

明治期の伊勢神宮

近代の神宮と天皇の「大廟」

伊勢神宮の新たな出発

聖地として極めて長く豊かな歴史を有する伊勢神宮が、近代になって大きく変貌したことは歴史的事実である。今日の伊勢は、明治維新の産物だといっても過言ではない。維新期の改革は徹底していて、神宮の空間およびその景観、儀礼や儀礼を執り行う神職、さらに神宮の国家や天皇との関係性が大幅に変化した。またその結果、神宮と参拝者との関係も近世のそれとは大きく異なるものとなった。近世には庶民の聖地だった神宮が、近代になって国家権力と密着する聖地に生まれ変わった。そのため、歴史的な連続性ももちろんあるが、際立つのはむしろ非連続性と断絶である。

近代の伊勢神宮を考察する際、その歴史が七世紀までさかのぼるという重大な事実を我々は蔑《ないがし》ろにしてはいけない。近代神宮をつくった人間も、常にその歴史を強く意識していた。しかし、彼らはあくまで、近代国家のニーズに合わせて伊勢神宮を形作っていったのである。彼らの営みは、極めて近代的なものであった。

ここではまず、明治天皇が一八六九年（明治二）に行った画期的な伊勢参拝とそれに伴う改革を考察する。改革の一結果は、伊勢神宮の、地域社会との関係を断絶し、参拝者の激減をもたらすことにあった。次に、伊勢神宮自体が、また町の実業家がどのようにして地域社会との関係を立て直していったのかを考える。最後に、地元の民間組織「神苑会《しんえんかい》」の動きについて述べる。神苑会は伊勢神宮を中核にすえ、宇治と山田のまちを近代的都市に変貌させていくことをねらった。その遺産は大きいものであった。

明治天皇と伊勢神宮

伊勢神宮が七世紀に創立されてから一九世紀にいたるまで、天皇は一度も伊勢を参拝したことがなかった。歴代天皇が、その祖先神を祀る伊勢に参拝しないのは驚くべき史実である。京都「御所」の内侍所《ないしどころ》に天照大神を祀る神鏡があった、あるいは未婚の皇女である斎王《さいおう》が戦国時代まで伊勢で天照大神に仕えていた、などの理由で、天皇は伊勢まで参拝する必要がなかったともいわれる。いずれにしても、明治天皇が一八六九年に実施した、天皇による史上初めての伊勢参拝は、意義深いといわざるを得ない。これを契機に、天皇と神宮との関係が質的に変わる。

明治天皇は、一八六八年の秋に即位し、京都を後にして東京に向かったが、行く途中の鈴鹿の

図４　明治天皇の伊勢参拝
（二世五姓田芳柳「神宮親閲」1918年）（宮内庁蔵）

関で伊勢神宮を遥拝《ようはい》した。これが近代天皇の伊勢との関係の始まりである。翌年正月にいったん京都に戻った天皇は、四月にまたも東京へと出立した。伊勢参拝を実施したのはこのときであった。四月二三日朝に外宮、午後に内宮を参拝した。図４は、右大臣三条実美《さねとみ》、外祖父の中山忠能《ただやす》、鳥取藩主池田慶徳《よしのり》らに伴われた明治天皇が、内宮の第四御門（現在の板垣御門）を通る場面を描いたものである。黄櫨染《こうろぜん》の御袍《ごほう》を身にまとった天皇は、天照大神に玉串をささげ、維新政府の成立を報告し、近代日本の発展を祈った。

　このとき一六歳であった天皇は、自らの意志で伊勢に行ったわけではもちろんない。維新政府の中枢をなした、公家の岩倉具視《ともみ》、長州藩の木戸孝允《たかよし》、そして神社政策などを委託されていた津和野藩の亀井茲監《これみ》、福羽美静《ふくばびせい》が天皇をして参拝せしめたのである。参拝の目的は、維新の「報告」や「祈り」だけではない。根本的な理由は、伊勢が語る神話にある。それは、伊勢神宮が祀る天照大神は歴代天皇の祖先神で、すなわち歴代天皇は大神の血を分けた子孫であり、天皇は時空間を超越した神聖な存在であることを証明するものだ。天皇の伊勢参拝は、この神話を天皇に体現させるゆえに行われた。神話は王政復古を権威づけるために欠かせないもので、近代の天皇、つまり明治天皇、大正天皇、昭和天皇はみなこの神話の主役である天照大神と密接な関係を築いていく。そして、近代天皇の伊勢参拝は、祖先に対する「大孝」と位置づけられていく。

このように神話を語ることは、正統性、異質性、優越性、そして独自のアイデンティティを確立する上で肝要な戦略であって、あらゆる近代国家が訴える手段である。近代日本は、この天皇神話を支え、それを活気づけるために色々と工夫をしていくが、伊勢神宮こそ神話の最も重要な柱でありつづけた。神宮は、もはや江戸時代のように庶民が奇跡やいやしを求める巡礼地ではあり得ない。神宮は国家君主の祖先を祀る宮で、国家にとってこの上なく聖なる場へと変貌していく。

国家は、神祇官（一八六九年）、神祇省（一八七一年）、さらに教部省（一八七二年）、最後に内務省（一八七七年以降）といった機関の管理の下に神宮をおき、終戦までその存在を経済的にも保

図5　浦田長民（浦田長吉蔵）

証していく。国家が一貫して優遇した神社は、伊勢のほかには靖国神社だけである。

こうして伊勢神宮が国家の管理下に入るや、抜本的な改革が矢継ぎ早に打ち出されていく。改革の主導権を握ったのは、内宮神職の浦田《うらた》長民《ちょうみん》であった（三木正太郎「神宮司官の活動」）。

廃仏に向けての浦田長民と神宮の改革

権禰宜《ごんねぎ》という神職身分であった浦田は、維新直後の一八六八年に度会府《わたらいふ》御用掛に採用された。浦田の基本理念は、伊勢の天照大神と東京にいる天皇の間に一体的な関係を構築することにあり、その関係構築を妨げるものを一切取り払う姿勢で臨んだ。浦田はそこで数多くの意見書を作成し、度会府知事の橋本実梁《さねやな》、判事元田直《なお》はそれらを中央政府に回し、多くが聞き届けられた。浦田は中央政府の亀井茲監や福羽美静などと個人的にも親交があり、指導層の岩倉具視や三条実美の支援もあった。

浦田がまず着目したのは、宇治と山田に根をおろしていた仏教である。仏教は天皇神話を否定する存在であった。前近代の天皇は仏教の信奉者で、その祖先儀礼は天台宗や真言宗の僧侶が執行していたが、この史実は、歴代天皇が天照大神の子孫だという神話と明らかに矛盾する。浦田はそこで、天皇の聖地である宇治山田から仏教を完全に排除する計画を練った。その計画を遂行可能にしたのは、明治政府が維新直後に公布した、神仏判然（分離）令である。これは、神社（神）と仏閣（仏）との間に超えることのできない線を引き、仏と関係のない「神道」的空間と、神と無関係の「仏教」的空間を新たに創出する意図を持った。この判然令に刺激された廃仏毀釈《はいぶつきしやく》事件がすでに京都や滋賀などで発生していた。

浦田は、宇治町と山田町全体を神道的空間にあらためようとする考えであった。着任直後の一八六八年夏に宇治山田の寺院をすべて閉鎖し、仏堂や仏塔を破壊して僧侶まで宇治山田から追放する過激な案を、度会府知事宛てに提出した。判事の元田直もそれに劣らない廃仏的志向を持ち、「神州に仏法は無用の長物」として、天皇の勅命をもって「宮川内廃寺」、「仏法廃止、念仏停止」を実施したいと主張する。その上、町の人々の葬式は「神葬」つまり新しいタイプの「神道」的な葬儀にする計画である。

度会府は、天皇が参拝するという情報に接するや、参宮街道沿いの「仏閣仏像」をすべて取り払うことに決め、宇治と山田での「仏書、仏具等」の商売まで禁止した。宇治と山田のほかに多気《たき》郡と度会郡から構成された度会府には、維新前まで二五八もの寺院があったが、そのうち一八三が潰された。ほとんどは、天皇参拝が布告される一八六八年秋から参拝が実施される翌年四月までの間に廃寺となった。その中には法楽舎、明王院、慶光院など内宮前に所在した名刹もあった。さらに、「仏教くさい」と思われた地名も排除していく。下中之地蔵町は「中之町」に、常明寺門前町は「倭町《やまと》」に、妙見町は「尾上町《おのえ》」に改名された。このような度会府の圧力によって仏教の僧侶は次々に還俗《げんぞく》して寺院を引き上げた。こうして、宇治と山田は仏教のない空間に変貌したのである（河野訓「伊勢における神仏分離」）。

浦田は、もう一つの浄化作戦をすでに練っていた。それは、神宮の神職を射程に入れたものだ。浦田は御師《おんし》といわれる（非重代）権禰宜身分の者たちの存在を問題視していた。御師は、内宮と外宮のどちらかに所属するが、前者は二七一家を数え、荒木田《あらきだ》を名乗る（浦田自身も荒木田家出身の御師）。後者は度会を名乗り、その数は四七九家もあったとされる。これらの御師は全国津々浦々に檀家を持ち、毎年「お祓い大麻」（お札）や暦を配って初穂料《はつほりょう》をもらう。檀家は太々《だいだい》講《こう》などをつくり、お金を貯め、代表を毎年宇治と山田まで参拝させる。これら参拝者を御師は伊勢の宮川まで出迎えて宇治か山田にある御師邸まで案内し、止宿させる。豪華な食事を振る舞い、屋敷内の神楽殿で太々神楽をあげる。さらに内宮か外宮まで案内し、幣物《へいもつ》と祈禱の取り次ぎをする。こうして御師の中には莫大な収入を得る者もいた。浦田は、御師が神宮の大麻の頒布などによって私腹を肥やす「陋習《ろうしゅう》」に終止符を打ちたいと建白した。橋本知事も同意見で、徹底的な御師廃止論を作成して政府に提出した。

浦田が同時に着目したのは、外宮問題である。歴史的にみても、内宮と外宮の政務や儀礼はそれぞれの禰宜庁が別々に司っていたのを彼は疑問にしていたが、それよりも内宮と外宮との間にあった確執を何とか解決しようと考えていた。外宮は、神職数も社会における影響力も内宮よりも大きく、外宮の御師は自らの社を「皇大神宮」と名づけることさえあった。

内宮が外宮の上にたつ

浦田はこれを問題として、ただちに辛辣な意見書を作成した。「愚民《ぐみん》、二宮の別を知らず。甚《はなは》だしきは、二宮とも同光一徳《どうこういっとく》、皆天祖の御宮と心得《こころえ》、終わりに方向に迷い候」という。教養のない庶民は内宮と外宮の違いが分からない。その威厳は同じで、どちらも天照大神の社だと思い込んでいる、と。浦田は、外宮を内宮の宮域に移せば問題は解決すると主張した。そして内宮と外宮の政務や儀礼を統一的に扱う機関を新たにつくり、「内宮」「外宮」の名称も庶民が困惑する原因なので、今後は「大神宮」と「豊受宮」とすればよいと上申したのである。

中央政府が神宮の改革に手を打ったのは一八七一年一月。まず、祭主の藤波教忠《ふじなみのりただ》を免職とし、公家の近衛忠房《このえただふさ》を祭主に任命した。それまで、神宮の祭主は京都に在住して神宮の行政を扱う世襲職であったが、藤波の免職で世襲制の原理は大きく揺らいだ。代わって任命された近衛は東京の神祇官兼務だった。これで中央政府と伊勢神宮との意思疎通はうまくいくと考えられていた。

次に政府は、同年五月に神社は「国家の宗祀《そうし》にて」、一人一家が私有すべきでないという原理を打ち出した。神宮の世襲職はすべてこれで廃止となった。政府は、大宮司、少宮司、禰宜を新たに任命することにし、さらに七月の法令では、荒木田家による内宮の支配と度会家による外宮支配を廃止した。こうして御師はみな免職となり、彼らが代々地方の檀家に大麻や暦を頒布していた生業も禁止された。

政府は、同じ一八七一年に内宮・外宮それぞれの禰宜庁を廃止して、新たな神宮司庁を立ち上げた。そのねらいはまさに、神宮司庁が神宮の政務と儀礼を統一的に司ることだった。また神宮司庁を内宮境内に設置することで、内宮が外宮に対して「上」であることを世に示す効果も期待されていた。政府が実施したこれらの神宮改革は、みな浦田の影響を間接直接に受けていた。浦田の外宮移動論だけは実現しなかったが、彼はもっと大胆な企画案をすでに用意していた。それは神宮廃止論とでもいうべきものであった。

神宮廃止論

浦田長民は中央政府にその能力を認められて、一八七一年秋に伊勢を後にして東京に向かった。中央政府に勤務していた半年間、福羽らとともにその廃止論案を練っていた。伊勢神宮の神体である鏡は、天照大神が実際に天皇家に授けたものだと神話にある。皇居の賢所《かしこどころ》（内侍所ともいわれた）にもう一つ鏡があったが、これは神宮の鏡の模倣にすぎない。浦田らは、明治天皇が模倣でなく「本物」の鏡を直に祀るべきだと考え、神宮の鏡を伊勢から皇居に遷《うつ》す案を提出した。これは廃藩《はいはん》置県《ちけん》直後のことで、新たな中央集権国家の上に君臨する天皇を権威づけるため、本物の鏡を皇居に祀るべきだという議論に、多くの有力政治家が同感していた。この場合、神宮の鏡を模倣に差し替えるか、神宮を廃するのかが不明だが、神宮の存在意義を事実上否定するものであったことに変わりはない。

この案は教部省などで一八七三年まで議論されていたが、七二年に少宮司として伊勢に戻った浦田はむしろ距離をおき、反対側に回った。政府内でこの案を最も支持していたのは教部省大録などをつとめた、元薩摩藩の田中頼庸《よりつね》であったが、この田中は皮肉にも七四年に神宮の大宮司に任命されることとなった。田中と浦田との間の、神宮のあり方をめぐる確執は、一八七〇年代の神宮史の注目すべき一齣である。

儀礼の改革

伊勢神宮は何よりも儀礼の場である。儀礼（祭祀）を執り行うことがその存在理由だといっても過言ではない。浦田は当然ながら神宮の儀礼にも注目し、その改革の必要性を唱えていた。浦田は中央政府に出る以前にも儀礼改革に着手したが、伊勢に戻ったあとそれを完成に導いた。その目的は儀礼をもって天照大神と天皇、神宮と皇居の有機的関係を強化することにあった。たとえば、伊勢神宮は近代皇室の儀礼を自らの年中行事に取り入れた。

表1　伊勢神宮の大祭と中祭

大祭	元始祭、祈年祭、神御衣祭、神嘗祭、新嘗祭、月次祭
中祭	歳旦祭、神御衣奉織始祭、神御衣鎮謝祭、風日祈祭、天長節祭、紀元節祭

元始祭、祈念祭《きねん》、新嘗祭《にいなめ》（いずれも神宮の大祭として）、そして歳旦祭《さいたん》、天長節祭、紀元節祭（いずれも中祭として）を神宮で新たに執り行うこととした。他方で、皇室は神宮の最重要な儀礼である神嘗祭《かんなめ》を年中行事に導入した。一八七一年九月一七日（旧暦）の神嘗祭当日に明治天皇は東京から伊勢の方角に向かい、天照大神を遥拝した。天皇による神嘗祭の遥拝は、これが初めてであった。中央政府が神宮のこの神嘗祭を重要視していたことは、翌年の神嘗祭に府県庁の官僚、そして全国の神社神職に「伊勢に向かい遥拝」するよう指示したことからも分かる。

儀礼の人事面でも、重大な改革が行われた。たとえば神宮の祭主は皇族が務めるべきだと浦田が主張したが、一八七四年に政府はそれを受け、翌年に久邇宮朝彦《くにのみやあさひこ》親王を祭主に任命した。祭主はのちに天皇の「大御手代《おおみてしろ》」と位置づけられていく。さらに、内宮でも外宮でも禰宜職が儀礼を管理していたが、禰宜は世襲制であったため、改革で免職となった。ただ、禰宜なしでは儀礼も政務もできないため、すぐさま再び任用した。そこで、これまで外宮勤めであった度会家の松木美彦《よしひこ》が今度は内宮転任となり、内宮の儀礼に毎日勤めていた荒木田家の孫福弘孚《まごふくひろざね》は、外宮勤めとなるなど混乱が起きた。これは、その場凌ぎの策で、度会家、荒木田家どちらとも関係のない人物をゆくゆくは採用する方針へと展開していく。さらに、明治前まで儀礼の最も中心的役割を果たした大物忌《おおものいみ》といわれる女性や、その補佐役の大物忌父が明治の改革で廃止された。

儀礼改革に関しては神宮側と政府は基本的に軌を一にしていたが、確執もあった。たとえば皇室の新嘗祭の導入に際して、「神嘗は則新嘗也。この度、新嘗を別に奉らるるは、御丁寧なるようなれども、二重なり」と反対する神職もいた。また、西暦導入をめぐるトラブルも起きた。西暦のもとでも従来通りの九月一七日に神嘗祭を行うように政府は神宮に指示したが、浦田などは旧暦の九月を換算して西暦の一〇月にしないと新穀は未熟で、神嘗祭の「名義」と「起源」に悖ると反対した。当時の教部省は「早稲」でもよいと切り返し譲らなかった。月次祭《つきなみ》（五月と一〇月）、神御衣祭《かむみそ》（六月と一二月）をめぐっても執行のタイミングの問題が生じた。これらの問題は、神宮が教部省廃止後の一八七七年に内務省の管轄下に入って初めて解決した。

一八七五年に浦田長民は、禰宜職の孫福弘孚とともに『神宮明治祭式』（一九冊）の編纂を完成した。これは近代伊勢神宮が執り行うべき儀礼の式次第、祝詞《のりと》、神饌などを網羅した祭典録で、大正時代に「神宮祭祀令」が発行されるまで神宮儀礼の基礎的文献となる。それをみると、浦田らが実施した改革の規模が分かる。二六もの明治前の儀礼が廃止され、新しい儀礼は、二一も取り入れられた。残りの儀礼は、形として引き継がれながらも、多少改正された（中西正幸「神宮明治祭式について」）。これら儀礼の執行は、一八七一年に設置された神宮司庁が担当し、中央政府がそのすべてを支弁した。

神宮の変貌

明治にはじまった改革は、神宮の景観にも及んだ。これを次に確認しよう。

図6は、『伊勢参宮名所図会』（寛政九年〈一七九七〉）が示す、江戸期の内宮宮中

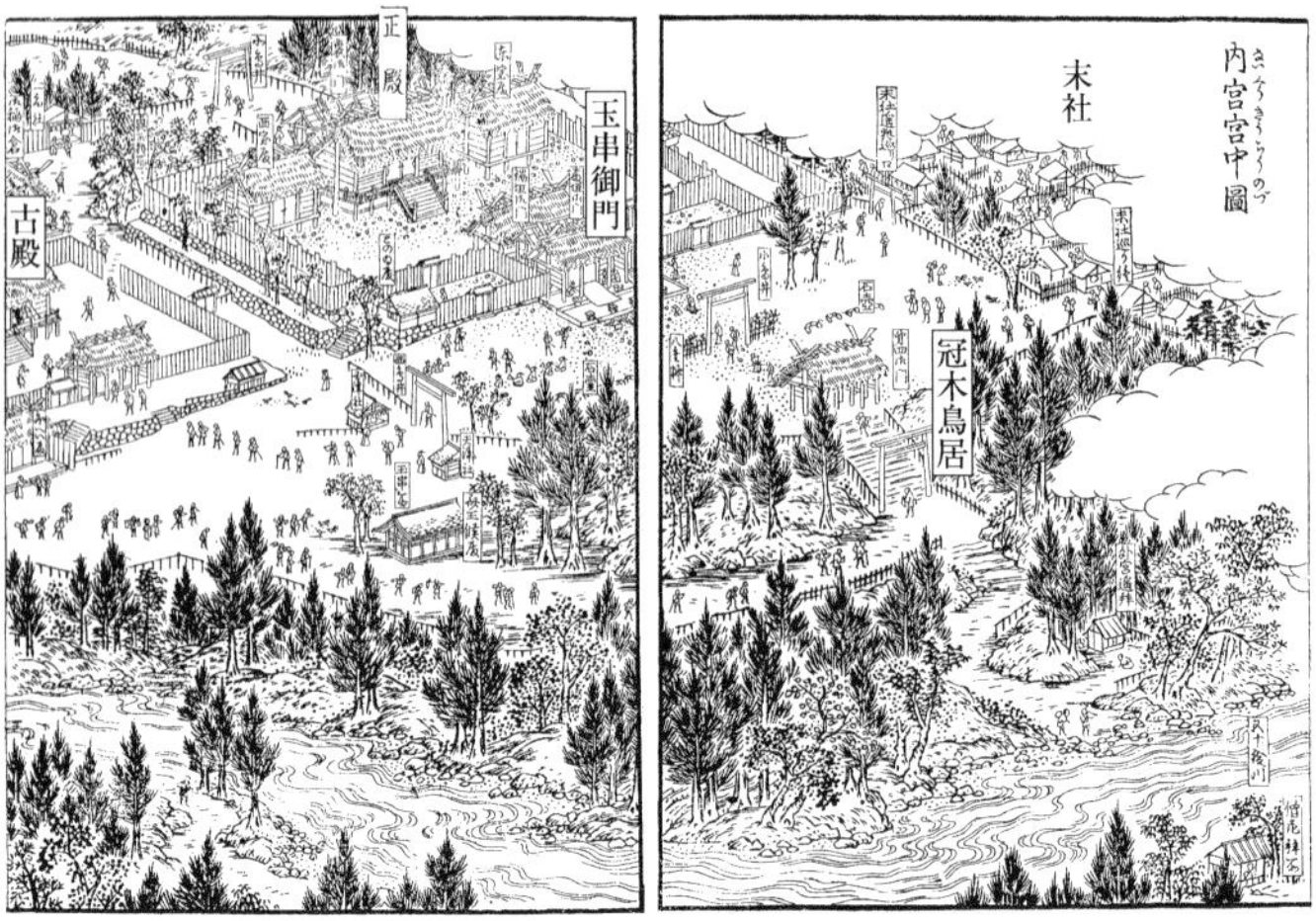

図６　『伊勢参宮名所図会』の内宮

図７　『神都名勝志』の内宮

である。著名な浮世絵師である蔀関月《しとみかんげつ》が参拝者用に世に出したもので、明治以前の内宮を示すものとして面白い。目立つのは、参拝者の姿である。参道を歩き、冠木《かぶき》鳥居（現在の板垣南御門）をくぐって石段を昇り、第四御門と小鳥居を入って玉串御門（現在の内玉垣南御門）にたどり着く。頭を玉砂利につけて礼拝する姿もみえる。礼拝後、宮中の東側に位置している末社めぐりをするか、西の鳥居からぶらぶらと去っていく。杖持ちの庶民もいれば、太刀を腰に帯びた武士らしき者もうかがえる。物乞いをする人々や御師と思われる姿も玉串御門前にみえる。宮中西側には「古殿」がみえる。江戸時代は古殿が分解されずに建っていることが興味深い。そして参拝者は自由に古殿を出入りをし、建物を近くから見ているのも注目に値する。こうして賑わう内宮は、明らかに参拝者の支配する空間だ。

『伊勢参宮名所図会』の一〇〇年後に刊行されたのが、図7の『神都名勝志』（一八九五年〈明治二八〉）で、明治期の内宮が描かれている。神宮司庁が参拝者用に刊行したもので、先の『名所図会』と比較すると、参拝者の不在がまず気になる。全く人々が描かれていないのだ。石段上の御門から、二重の垣根（板垣《いたがき》と外玉垣《とのたまがき》）が新たにめぐらされて、正殿が四重の垣根に包まれたことに気づく。江戸時代には気軽に接近できた小鳥居や玉串御門は立ち入り禁止となり、内宮宮中が「禁じられた」空間と化したことになる。そして鳥居、御門、垣の名称が改められ、「小鳥居」は「八重榊鳥居」へ、「玉串御門」は「内玉垣御門」へと変わっている。もはや庶民に馴染みのある神宮ではない。正殿と宝殿との位置関係にも注目すべきで、図6では東西の宝殿は正殿と横並びになっていたが、図7では正殿より後退している。「古殿」の有り様も大きく違う。西側に移行している空地から建物が完全に取り払われ、残っているのは覆屋《おおいや》のみである。『神都名勝志』が正確に示しているこの内宮の空間的変貌は、一夜のうちにとげられたのではない。一八六九年（明治二）の式年遷宮で板垣と外玉垣がめぐらされ、末社の群れも取り払われた。古殿が片付けられたのもこのときである。次の八九年の式年遷宮では、正殿と宝殿の位置関係が調節された。これらのねらいは明らかであろう。すなわち、内宮正殿およびその祭神天照大神を相対化するあらゆるものを排除し、内宮の「神聖性」を向上し、強調することにあった。

近代伊勢の「包まれた空間」は、参拝者を閉め出すねらいを持つようにもみえるが、そうではない。維新直後から、僧侶も、被差別の人々も、さらに外国人も、参拝が可能になった。神宮の新しい空間は、むしろ参拝者を「秩序づける」ものだと理解すればよい。それは、一八八九年に内務省が定めた正式参拝用の「参拝位置」規定をみれば分かる。これによると、皇族は内玉垣御門下、貴衆両院正副議長や有爵者は内玉垣御門外、貴衆両院議員はその手前の中重《なかのえ》鳥居際、町村長、区長などとなればもう一つ手前の外玉垣南御門内、というように、それぞれの参拝位置が定められた。天皇だけが正殿の階段下まで進む。いってみれば、新たな垣や門から構成される神宮の近代的空間は、近代国家の権力諸関係を反映したのである。

伊勢大廟

では、右にみてきた神宮の内面的、外観的改革の行き着くところはどこか。一言でいえば「大廟《だいびょう》」としての伊勢神宮という、新たな位置づけである。「大廟」は祖先を崇拝する場という意味で、神宮を「廟」あるいは「宗廟《そうびょう》」とすることは中世からあったが、「廟」の概念が一定していなかったせいか、維新期の言説にはほとんど登場しない。一般の人々に「大廟」としての神宮像が普及しだすのは、大日本帝国憲法が発布された一八八九年ごろらしい。西野文太郎という人物がその普及に大きく貢献したことに注意したい。西野は、一八八九年二月一一日に文部大臣森有礼《もりありのり》を暗殺した人物である。森が前年に外宮を参拝した際無礼を働いたというのが暗殺の理由だった。西野は、暗殺の現場で警衛に斬殺されたが、森有礼暗殺趣意書を残した。その冒頭で次のようにいう。

> 伊勢大廟は、万世一系天壌《てんじょう》と窮《きわま》り無き我が皇室の本原たる天祖神霊の鎮座し玉《たま》う所にして、実に我帝国の宗廟なれば、その神聖尊厳何物か之に加えん。

伊勢神宮は天皇の祖先が祀られる大廟（宗廟）で、その神聖性と尊厳は比類がない、伊勢が大廟だからこそ森の行為が許せない、と西野はいう。「暗殺趣意書」は新聞に掲載され、全国的に広まって、中央の『読売新聞』も地域の『伊勢新聞』も、伊勢神宮を「大廟」と位置づけるようになる。大廟概念は、この後『伊勢大廟おかげ参り道中記』（一八九〇年）といった旅行案内書類から教科書へと浸透していく。そして明治天皇による一九〇七年の（最後の）伊勢参拝は、新聞などで「大廟行幸」と位置づけられた。右にみてきた伊勢神宮の改革が、まさにこのような大廟としての伊勢神宮を実現可能にしたのであった。

近代の宇治山田と地域社会

宇治山田の危機

先にみてきた神宮改革の中では、御師《おんし》の廃止は極めて重大な意味を持った。七〇〇家前後といわれる御師は、宇治と山田の経済を支えていた。彼らは全国的な檀家ネットワークを築きあげ、全国九割の世帯にまで伊勢の大麻（お札）や暦を配っていたとする説もある。そして大勢の参拝者を伊勢に誘致していたのも御師である。御師が廃止されると、連鎖反応が起きた。旧御師も地域を回っていた手代も大麻の製造に関わっていた数千人にものぼる職人たちも一夜のうちに職を失った。貧困に直面した彼らが動揺しかねないと度会《わたらい》県は危惧していた。それと同時に、地域からの参拝者が激減する。それは神宮自体の財政にも宇治と山田の町の繁栄にも大きな影響を及ぼした。

明治初年に参拝者がどれだけ減少したのか計りにくいが、明治期初の参拝者統計が一八八四年

（明治一七）に行われたようで、これがヒントになる。その年、元鹿島《かしま》神宮宮司の鹿嶋則文《かしまのりぶみ》が伊勢の大宮司に任命され、宇治山田へと赴任した。彼は参拝者が少ないことに驚き、友人に「本年は参宮人非常に少なく、社入三分の一を減ず」と心を打ち明けた（鹿島則良・加藤幸子・深沢秋男編著『神宮宮司拝命記』一九九八年）。鹿嶋大宮司は、失地回復に向け統計を取ったと思われるが、それによると二六万人が宮川を渡って山田に入ったことが分かった。その後、宇治山田警察署も止宿者の統計を取りはじめた。警察によると、一八八六年から八九年までの三年間に年間平均二八万人の参拝者が宇治と山田の旅籠屋に止宿していた。九七年に参宮鉄道が山田まで開通すると、参拝者が着々と増えていくが、一八七〇年代と八〇年代は、江戸時代後期の参拝者数の年間平均の半分程度に減っていたことになる。

伊勢神宮においても、宇治と山田においても地域社会との関係を立て直す動きが明治初年から現れるが、それはどのようなものかみていきたい。まず神宮の動きに注目し、次に宇治と山田の実業家（おもに旅籠屋経営者）の活躍を視野に入れていく。

参拝者の削減と神宮の財政問題

伊勢神宮は国家の管理下に入るとともに、財政的な面でも国から保証されることとなる。神宮は一八七二年に一万五〇〇〇円を大蔵省から支弁された。のちに供進金といわれるこの財政は、祭典、賜饌料、神官月給、旅費などに充てるものであった。神宮の収入は、このほかにも社入金というものがあった。社入金は、神楽奉納と大麻頒布の収入を指すものだが、かつては御師がどちらも独占していた。神楽は、明治まで御師邸で行われていたが、御師廃止後、内宮にも外宮にも新しい神楽殿が設置され、参拝者の神楽奉納は神宮の責任となり神宮の収入源となった。のちにみるように、大麻も神宮司庁の責任となっていく。さらに、参拝者の賽物、つまりお供え物も神宮の社入金に入っていた。

しかし国から支弁される供進金は、一八七〇年代、八〇年代と年間九〇〇〇円へと減り、神宮の経費不足が生じた。神宮はそのため社入金で補充したが、参拝者削減のため社入金も減っていき、神宮の運営が極めて困難になった。右に引用した鹿嶋大宮司の「社入三分の一を減ず」は、この社入金を指していた。大宮司の危機感は深刻なものであった。いずれにせよ、より多くの参拝者を伊勢に呼び戻す新たな工夫は、極めて緊急な課題であり、そこで大麻の頒布は重要な戦略となっていた。

神宮大麻と頒布問題

御師廃止に伴い大麻の全国頒布は一旦中止されたが、内宮の境内に所在した神宮司庁は即座に大麻の製造と全国への運搬、そして地域での頒布を引き受けたいと政府に申し入れ、ただちに許可がおりた。一八七二年（明治五）春のことである。神宮司庁は地元の富豪や豪商から資金を調達して、大麻製造局を宇治に設立し、七五〇万戸分の大麻の製造と発送に備えて、複数の旧御師および職人を再雇用した。地域での配布責任は、旧御師でなく府県の官僚が請け負うこととなった。すべての人民が毎年大麻を争って拝授するように取り計らうべきだと中央政府は地方に通達した。神宮司庁は信じがたい素早さで動きだし、はやくも同年四月に大麻の地域への発送を開始した。大麻の収益金は、一年目（一八七二年）には四万五〇〇〇円前後と見込まれた。

神宮司庁は政府の承諾を得て、全国の府県に大麻を頒布しだしたが、すぐに問題が発生した。たとえば埼玉県参事は「「固陋《ころう》の小民」が多いため毎戸への頒布をしばらく棚上げしてほしい」といい、奈良県参事は「新しくなった大麻の意味と役割が理解できない」といい、茨城、山梨、静岡、岡山、広島各県では庶民が大麻を焼き捨てたり、川に流したりするなどのケースも頻繁に起きていた（安丸良夫・宮地正人編『宗教と国家』）。とりわけ浄土真宗が盛んな地域においては、大麻を一切拒絶する事件が報告されていた。一八七八年、内務省は浄土真宗が当時展開していた信教自由の運動を背後に、やむを得ず「神宮大麻受不受は人民の自由に任す」ことに決定した。これで地方庁が大麻頒布に関与することは中止となったが、神宮司庁はそこで次にみる、神宮教院や地域の神宮教会というルートを通して大麻を頒布することにした。

神宮教院と地域社会

神宮教院は、一八七二年末に宇治の浦田町に新築された。ここを伊勢信仰を全国に広める拠点とするのが、浦田長民《うらたちようみん》の発案であった。神宮教院は、出張所を東京におき、全国を複数の「教区」に区分けして、教区ごとに「神宮教会」を配置する。浦田は、江戸時代の御師が国中に設置していった太々講《だいだいこう》を神宮教会のもとにまとめ、それ

図８　神宮教本院 神宮教の東京出張所（飯田良樹蔵）

らを「神風講《しんぷうこう》」と命名した。「信徒の人民を結束し、全国をあげて我神宮一教の下に収拾せんとす」というのが、彼の発想だ。神宮教院は、研究・教育機関だが、伊勢信仰を宣伝する人材を育成する役目も担う。この発想全体は政府の許可を得て、基本的に実現する運びとなっていった。

浦田の神宮教院企画は、中央政府の動きに合わせたものだった。政府は、廃藩置県後の一八七二年に教部省を設置する。教部省は、諸宗教を管理するだけでなく、全国の神職と僧侶を動員して「大教《だいきょう》」なるものを全国に宣布させる方針を打ち出した。「大教」は教部省のもとで創出された新たな「教え」で、すべての神職と僧侶が「教導職」（一種の宣教師）となって「大教」の宣布に携わることになっていた。政府がこうした大胆な宣布運動に乗り出したのは、広まりつつあるキリスト教の社会的影響を何とか防ごうと考えたからにほかならない。そして浦田は、伊勢信仰を教部省の大教宣布運動の先端に立たせようと考え、前述の神宮教院をつくったのである。

近代的伊勢信仰の創造

神宮教院のもとで近代的伊勢信仰が形作られていくが、これをめぐっても大きな混乱が生じた。神宮教院でさまざまな教典が作成されるなか、浦田長民著『大道《だいどう》本義』三巻（一八七六年）は「神道の宝典」ともいわれ、広く流布した。この書の主旨は章のタイトルから判断できる。それは「天神造化」「皇国固有の教五輪之道」「霊魂不滅」「善悪応報」というように、創世神話から形而上学をへて倫理道徳まで視野に入れた神道論である。浦田自身の天地主宰神としての天照大神への信奉が議論のすべてを支えたが、この伊勢信仰は、江戸時代の庶民の素朴なそれとは全く内容が異なることがうかがえる。

その一方で、当時は別の神道論が流行っていた。それは、出雲大社の祭神大国主命《おおくにぬしのみこと》を中枢とする神道論である。結果、この二つの神道論は衝突することになる。教部省は一八七五年に神仏合同の大教宣布に終止符を打つが、伊勢神宮の大宮司田中頼庸《よりつね》は、神道事務局という半公的機関を東京の有楽町に設置した。前年から大宮司に就いていた田中は、神道事務局を拠点に天照大神を中心とする統一的な神道論を確立し、全国の神職に宣布させようと考えていた。それが衝突のきっかけとなった。

神道事務局を牛耳っていた田中が、出雲大社宮司千家尊福《せんげたかとみ》と本格的にぶつかったのは、一八八〇年である。田中は神道事務局内に新しい神宮遥拝殿を設立したが、大国主命を遥拝殿に祀るかどうかが対立の焦点となり、全国の神職を巻き込む重大な神学問題に発展していった。伊勢の天照大神が上か、出雲の大国主命が上か、の論争であった。政府は当時自由民権運動に手を焼いていたこともあって、この祭神論争が社会全体を揺るがしかねないとみて、介入することに決定した。詳細は省くが、論争は田中頼庸のいわば伊勢派の勝利となり、政府は大国主を不要な神とする決定を下した。この政府の介入は、同時に伊勢神宮を大きく揺るがす、思わぬ結果も生んだ。

政府は、天皇の存在を権威づける天照大神まで巻き込んだこの論争が二度と起きないように、抜本的な手段に訴えた。すなわち一八八二年に、伊勢神宮などの神職がこれまで行ってきた神道論の展開と宣布活動を一切禁止することにした。これは神宮をはじめとする全国の神社が「非宗教」と位置づけられる発端でもあった。

伊勢神宮と神宮教

田中大宮司は、宗教活動を禁じられた神宮に残るか、それとも神宮を離れてそうした活動を続けるかの窮地に追い込まれた。田中は後者を選択し、同年五月に大宮司を辞任して「神宮教」なる新興宗教を創立し、その初代管長となった。田中の神宮教は伊勢の神宮教院をベースとし、県ごとの神宮教会と神風講社を地域の拠点として布教活動を継続した。神宮教はさらに伊勢神宮から東京出張所を譲り受け、それを大神宮祠（通称日比谷大神宮）と名付けて関東布教の基点とした。田中の神宮教は、伊勢神宮から大麻の全国頒布も引き継いだが、その背景には神宮の深刻な財政問題があったらしい。事情は明確でないが、神宮司庁は一八七七年に大麻からの収入金（初穂料）の収納が遅れたことにより、大麻奉製のため二〇万円という多額の負債を抱えることになった。神宮司庁は、供進金や社入金をもって負債を返すことは困難であったため、大麻の頒布を神宮教に全面的に委託することとなった（岡田宏「神宮の財政」）。

一八八二年に創立をみた神宮教はそれから十数年全国的に宣教活動、大麻頒布を続けたが、のちにみるように九九年にはやくも解散した。伊勢神宮の広報活動は、その後神宮奉斎会《ほうさいかい》という組織に全面的に引き継がれることとなった。この神宮教の遺産は計りにくい。一八八〇年代、九〇年代は伊勢神宮への参拝者が増えたわけでも、減ったわけでもない。他方で、この間神宮そのものの財政は、多少安定していたことを指摘したい。国からの供進金は徐々に増額し、八〇年代に一万六〇〇〇円に、九〇年代に五万円に、そして明治末年にさらに七万円へと上がっていったのである。

明治期の宇治山田

御師の廃止に伴う参拝者の激減が、神宮だけでなく宇治と山田の経済にも大きな打撃を与えたことはいうまでもない。その打撃を最も感じたのは、旅籠屋の経営者であった。ここでは、旅籠屋に焦点をしぼり、経営者が地域からの参拝客を誘致するさまざまな試みをみていきたい。

明治期の旅籠屋の多くは、旧御師が経営していた。旧御師経営の旅籠屋の数は一八八〇年に二三軒を数えたが、九八年に商業登記した旅人宿業者は三五軒、そのうち旧御師系と思われるのは一七と減っていた（『伊勢市史』第四巻）。さらにいえば、江戸時代のような裕福な暮らしができた旧御師がいなかったことはいうまでもない。明治維新前の御師は、一年の収入の七割近くを大麻や暦の頒布から得、二割は屋敷内の神楽奉納によっていたが、維新期になり、大麻や暦の頒布も、神楽の奉納もみな禁止され、それらは伊勢神宮の責任となったのである。

ここではまず、旧御師で「太夫《たゆう》」を堂々と名乗り、旧檀家を頼りに近世的な営業法を継続した旅籠屋の経営者に目を向けてみよう。典型的な例は三日市太夫と福島みさき太夫だろう。外宮前の三日市太夫の屋敷は、総面積一八〇〇坪、宿泊客一〇〇人ほどを一度に泊めることができた。三日市太夫は北海道、東北、関東地方で活躍し、三五万世帯もの檀家を持っていた。御師廃止直前の一八七〇年には、年間三七万以上の大麻を檀家に配布していた（『季刊大林№43　御師』一九九八年）。その後も檀家との関係を温存したおかげで、旅籠屋として繁昌していった。有栖《ありす》川宮《がわのみや》親王が一八八七年に伊勢を参拝した際、三日市邸に泊まるほど立派な施設であった。三日市太夫は、広報作戦としてたとえば「御師講社」をつくり、東北から関東をへて伊勢までの道中に位置する旅館と提携をして参拝者にその旅館を推薦した。さらに、参宮鉄道が九七年に山田まで開通

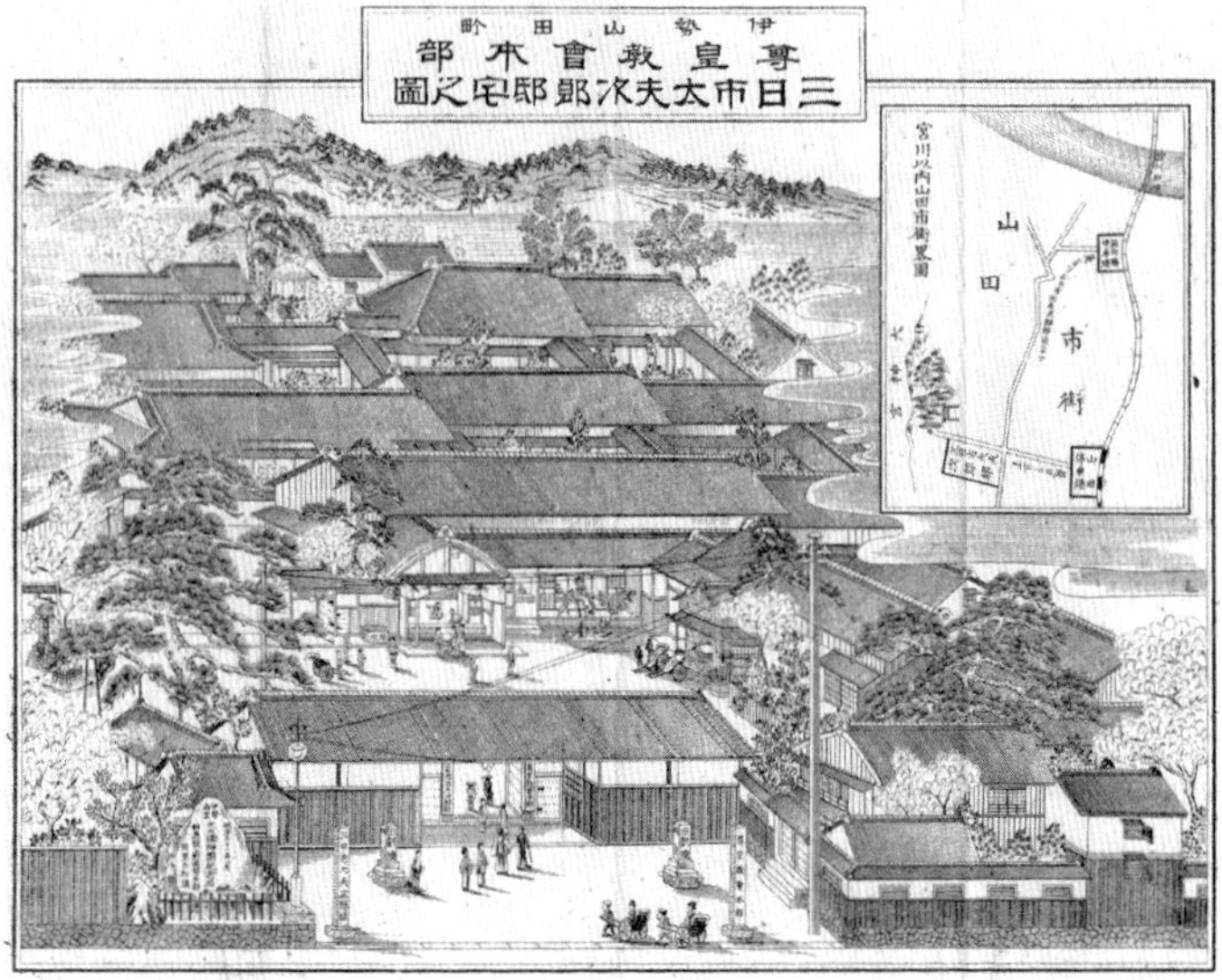

図9　三日市太夫次郎邸宅の図（1898年）（飯田良樹蔵）

すると、旅行案内書類などに広告を出した。『伊勢参宮案内記』（一八九七年）には、「三日市太夫　有名な太夫で、そして有名な大旅館である。御師の中に魁を唱えたが、今も尚この地方（奥州から上州）の旅客は殆ど専泊の上さらに広く客をまねいている」とある。三日市太夫は、ほかに毎年元檀家に謹賀新年の葉書を送っており、一九〇三年にその数は二〇〇万枚にもなっていた。最後に、事情は少し不明だが、三日市太夫は、自らの旅籠屋を尊皇教会本部と称し、参拝者の宗教的ニーズにも対応していた。

　九州で二六万もの檀家を持っていた福島みさき太夫も旅籠屋に転業し、同じような営業方法を用いた。福島太夫は、皇道教会なる宗教的組織を立ち上げ、参拝者を引きつけようとした。福島の場合は明治初年の状況が特に厳しかったようで、一八七六年に檀家宛てに「殆ど窮迫す」と窮状を打ち明けた。しかし、八〇年代には元檀家の多い北九州をめぐって神宮大麻を頒布していたという興味深い記録がある（『土屋家文書』）。神宮司庁に特別依頼されたようで、大麻頒布は直接自分の収入源にはならない。そして九〇年代になると、九州の元檀家だけでなく関東の参拝者までも接待しはじめた。そして九八年刊行の『関西参宮鉄道案内記』に、次のような広告を出している。

九州太夫総本部福島みさき太夫：九州全体並びに国々旧来よりの檀家各位のみならず、何れの人たりとも伊勢参宮の正式を拝受せんとせば、福島みさき太夫を訪問してすべての手続きを聞かれよ。

福島は初期の絶望感を乗り越え、旅籠屋業で何とか生計を立てることに成功していたようだ。三日市や福島のように元檀家を頼りとする旅籠屋は、どちらかといえば少数だろう。大多数の旧御師は新しい営業方法を取り入れ、近代的旅籠屋として再出発する。宇治橋に近い「角屋《かどや》」と外宮前の「宇仁館《うにたち》」が典型的事例である。前者は旧御師の泉杢助太夫が、後者は久保倉太夫が経営していた。その営業方法とは、一新講や真誠講《しんせいこう》といった全国的なネットワークを有する近代的講社に加盟することであった。一新講は、一八七三年に静岡で組織化された講社で、すぐに全国に広まった。真誠講は、明治政府が全国の飛脚ネットワークをベースに陸運元会社を打ち立てた

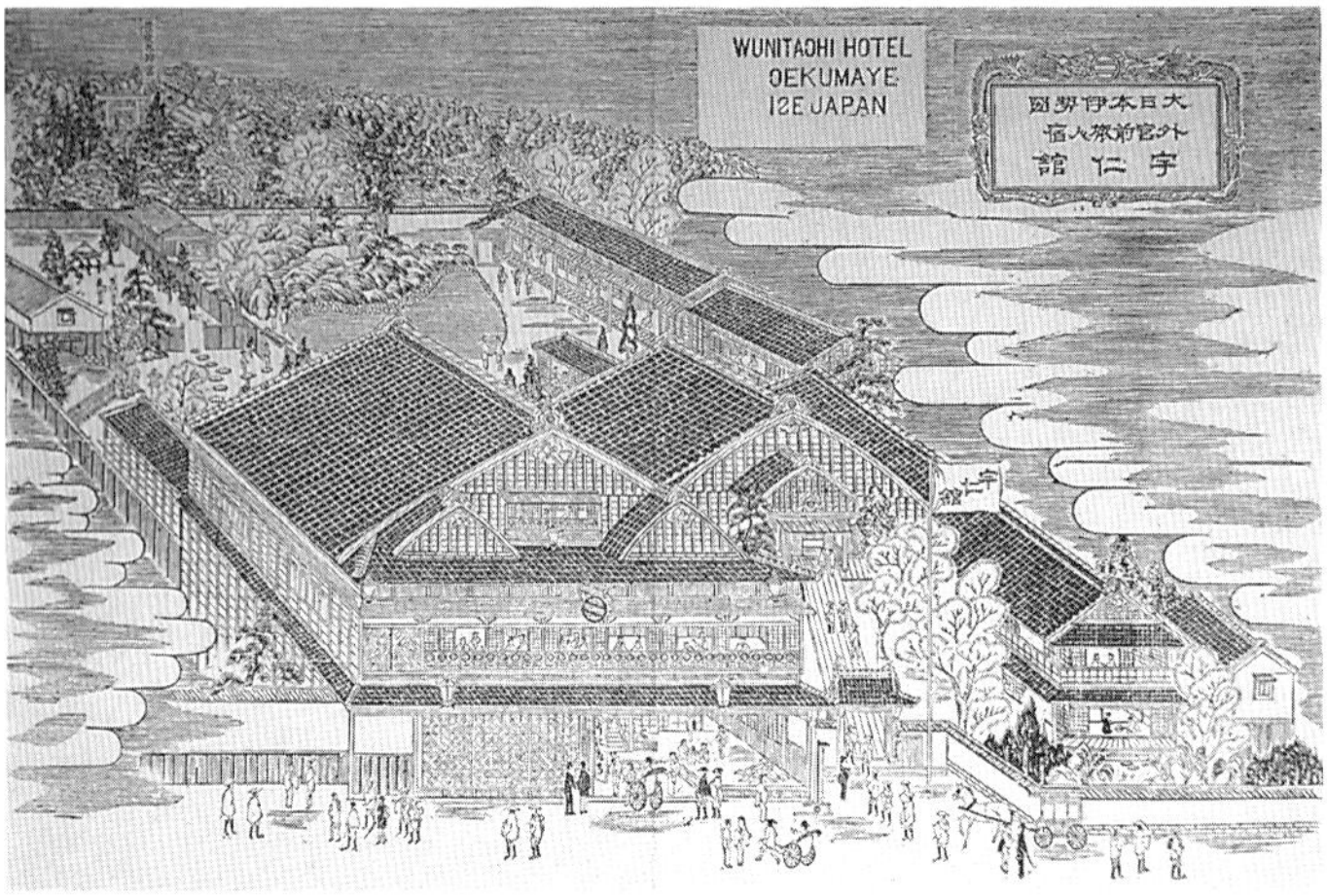

図10　明治期の宇仁館（飯田良樹蔵）

際、その旅行斡旋企業として七五年に、二〇〇〇もの旅籠屋を組した。これら講社に加盟することで旅籠屋の経営者たちは、限られた地域の「檀家」ではなく、全国からの参拝者にアピールすることが可能となった。

旅籠屋としての発展

角屋は一八七七年に真誠講に、宇仁館は八一年に一新講にそれぞれ加盟したことが分かる。その経営者たちは講社に講収料をおさめ、講の看板を軒先にかけ、講の社則に従う。真誠講は「篤実を主とし、旅客に対し百事不《ふ》深切《しんせつ》あるべからず」「道中記は、各自自費を以て求め置き、旅人へは無代価にて施与すべし」とし、強引な客引きも禁止していた。一新講も真誠講も、参拝者に対して宿泊や人力車の割引をし、一人旅の参宮者でも必ず止宿させるなど、さまざまなサービスを提供した（井上敏子「信州の真誠講」）。経営者たちは、講社が作成する道中記や定宿帳に名前を載せてもらい、日本中宣伝されると同時に、全国の参宮者に信頼されていく。

新しい時代に合わせた角屋や宇仁館などの旅籠屋は、参拝者にどのような止宿環境を提供したのだろうか。それはたとえば『伊勢みやげ旅寝之友《たびねのとも》』（一八九〇年）にみえる。角屋についてこう語る。「風景の美は、言うも更なり」。お客様が「当家に止宿すれば、座して神宮の御山を朝夕咫《し》尺《せき》の間に親拝するを得るこそ、世に忝《かたじけな》き事にあらずや」。目の前に伊勢神宮とその山があるから朝夕と親しく拝むことができる、なんと畏れ多いことだろう、というのである。宇仁館は三階建ての相当新しい造りで、座敷は広く天井も高い。外宮の山も目の前にある、大人気の旅館だと賞賛する。

妓楼から旅籠屋へ

明治期の宇治と山田の旅籠屋は、旧御師邸だけではなかった。ほかに、江戸時代から存在した町宿も活躍していた。さらに、伊勢の遊廓の妓楼が旅籠屋に生まれ変わった例も多少あった。油屋、両口屋、麻吉、佐渡屋などがそれにあたる。ここでは後者のみについて述べたい。

伊勢に遊廓は二つあった。外宮と内宮の間に日本三大遊廓に数えられていた古市と、山田にあった新古市だが、明治期になって古市の遊廓が特に衰退していった。古市妓楼の経営者ははやくも一八七一年（明治四）に嘆願書を度会県に提出し、山田の遊廓が繁盛するあまり、古市の「土地柄も終わりには消行」く、と嘆いている。

これら古市の経営者たちは、山田の妓楼を廃止して古市へと吸収合併し、一大遊郭をつくる大胆な構想を練っていた。これは実現しなかったが、明治初年の古市がすでに動揺していたことは明らかだろう。古市は、一八七二年に芸娼《げいしょうぎ》妓解放令が発布されると妓楼の数が減り、三二軒となった。一八九〇年代の『伊勢参宮按内記』でみると「大小の妓楼」の数は、「二〇有余軒」とさらに減っている。そうした厳しい状況の中で、妓楼の経営者が旅籠屋に転業するケースが生まれた。そして彼らは再出発するにあたって一新講や真誠講などに加盟し、老若男女を問わず全国から参拝者を誘致することにした。

先駆をなしたのは、「三大楼の一」油屋の主人、白井潤三である。油屋は一八七一年に火災で焼け、すぐに立て直されたが、七〇年代と八〇年代は「非常な不景気」であった。八五年に再び火災に遭い、今度は旅籠屋として再出発した。ちなみに、油屋の変身を東京婦人矯風会が聞きつけ、「大いに賞賛した」と『伊勢新聞』は報じている（『伊勢新聞』一八八九年四月五日）。油屋は翌一八九〇年から一新講に加盟して、繁盛しはじめた。同年は明治期の最初で最後のお蔭参りの年であったが、油屋はこれをねらって全国規模の宣伝をするため加盟したのだろう。『伊勢参宮名所図会』（一八九〇年）には、ローマ字表記の「旅舎 HOTEL S. ABURAYA 油屋清栄門」として掲載されており、外国人まで射程に入れている。参宮鉄道が一八九七年山田まで開通するや、油屋は山田駅前に別館を建てた。これが大変繁盛して、小松宮、有栖川宮、大隈重信、福沢諭吉らを泊めることもあった。油屋はこのように成功した事例だが、そのほかにも両口屋も麻吉も明治末期まで繁盛して多くの参拝者が宿泊した。

以上のように明治期の伊勢は、地域社会との関係を何とか保持するよう尽力してきた。神宮は、大麻の頒布や神宮教の活躍によって、宇治と山田の旅籠屋はさまざまな営業方法によって参拝者の誘致に努めた。統計からみれば、参拝者数が着々と増えていくのは一九〇〇年代からである。その理由はやはり参宮鉄道の敷設により、交通の便がよくなっていたことによる。参宮鉄道が三重県の津から山田まで開通したのは一八九七年だが、津はすでに東京から神戸までを繋ぐ東海道線に接続していたため、全国から伊勢への路線が便利になっていた。参宮鉄道が多くの参拝者を宇治山田に誘致したことは事実だが、負の結果もあった。古市は特に参宮鉄道の完成によって打撃を受けた。山田駅ができるとその周辺に新たな遊廓がつくられたからである。その関係で、油屋などと違って旅籠屋に転業しない古市の妓楼がますます不景気となっていくことを指摘しておこう。

神苑会と「神都」の形成

伊勢の神都構想

一八九〇年（明治二三）に設立された参宮鉄道株式会社の立役者は、太田小《おおたこ》三郎《さぶろう》という伊勢の実業家であった。この太田は、極めて面白い経歴の人物で、宮川電気の発起人（のちに取締役）、山田銀行の創立者であるとともに、古市の最も著名な妓楼、備前屋の主人でもあった。太田は一八八六年に神宮大宮司の鹿嶋則文《かしまのりぶみ》、少宮司から度会《わたらい》郡長に転勤していた浦田《うらた》長民《ちょうみん》、三重県知事の石井邦猷《くにみち》、医師の大岩芳逸《ほういつ》らとともに民間組織の神苑会《しんえんかい》をつくった。明治期の伊勢を理解する上ではこの神苑会は欠かせない存在である。神苑会のねらいは、宇治と山田の抜本的改革にあり、この新しい宇治山田を太田らは「神都」と概念化した。伊勢神宮はもちろんその中核となった。

彼らが神苑会を立ち上げた当時は、宇治と山田を「神都」というイメージで捉える者はいなかったたろう。しかし、神苑会が解散する一九一二年までに、「神都」は宇治と山田の住民、実業家、神宮の神職のみならず、伊勢を訪れた人なら誰でも耳にする、馴染みのある概念となりつつあった。「神都」概念こそ神苑会の大きな遺産であった。

この太田に対して、一部には「何たる技量とてなく、自尊にして」度胸がなく、人をおだて、人の言いなりになる、などの厳しい評価があった。しかし太田の豊富な人脈と、人当たりの良さが神苑会を成功させたと思われる。一八八六年六月の「神苑会創設主旨」に、設立当初の構想の一端がみえる。太田らはここに、内宮に関しては「宇治橋以東の市街を徹し、さらに神苑を設け、苑中一大館を興《おこ》し、神庫の宝物を陳列し、あまねく庶人をして拝観せしめ」ると書いている。「宇治橋以東の市街」とは、当時宇治橋を渡ったところにあった館町《たちまち》のことである。館町に禰宜《ねぎ》職、旧御師《おんし》の自宅、店などが二〇〇軒近く並んでいた（図12には店などの屋根が見える）。館町を取り払い、その空間に「神苑」をつくって伊勢神宮の宝物を展示する「拝観所」を建設し、参拝者に公開するというのである。外宮についても、隣接する「幽遼《ゆうりよう》清潔の地」を切り開き、そこに「四時の花木」を植えて「一大勝区」にし、「神都の面目を改更せんとす」という。要

図11　太田小三郎
（伊勢市教育委員会蔵）

図12　明治期の宇治橋と館町
（小山勝『ケンブリッジ大学秘蔵明治古写真』平凡社，2005年）

するに神苑会は、内宮、外宮それぞれの接続空間を購入し、大胆な整理を行って「神都」の形成に着手するという計画であった（藤井清司編『神苑会史料』）。

神苑会の成立

この神苑会は、設立されると時を同じくして重大ニュースに接した。明治天皇の嫡母英照《えいしょう》皇太后が翌八七年三月に神宮参拝をし、海水浴場の二見浦《ふたみがうら》を訪れるというのである。そこで神苑会は敏速に対応した。当初の構想をさらに「我伊勢第一等の勝区たる二見浦」まで拡大し、第百五銀行山田支店から金五〇〇〇円を借り、神宮司庁からは三万円の寄付金を受け、「敷地が千余坪」の木造「賓日館《ひんじつかん》」を三ヵ月足らずで二見浦に建設して皇太后の投宿先に備えたのである。皇太后が一八八七年の外宮・内宮参拝後にこの賓日館に宿泊したことは、神苑会が皇室との絆をつくる「千歳一遇の好機」となった（『神苑会史料』）。なお、この二見浦は、周知の通り近世にも多くの参拝者が訪れており、明治になって角屋などの旅籠屋が支店を出したほどの人気であった。

神苑会は、内宮・外宮に隣接する土地の購入と整備を賓日館建設のため、しばらく棚上げにしていたが、造園家の小沢圭次郎（「我が国造園界の大恩人」）に依頼して内宮外宮神苑のプランをつくらせ、すでに「神苑名勝興造の大旨」として一八八八年（明治二一）七月に整えた。そして八九年一〇月の式年遷宮に間に合わせようと、再び動き出した。

「大旨」の内容は、右にみた「創設主旨」よりいっそう大胆になっている。内宮の神苑に「管《くだ》玉《だま》の井」という名の噴水を設け、浅瀬《あさせ》曲水《きよくすい》をつくる。そして神宮神宝の一つである「紫の御《み》蓋《かさ》」を模擬した、茶屋「御蓋の亭」を建てる。外宮についても、勾玉《まがたま》を象った池が見所となるが、神苑の中には旧御師の表門の形をした「鴛鴦亭《おしてい》」も建てる。さらに小沢は、それぞれの神苑に数千坪分の芝生を敷き、砂利石も敷き詰め、松、白梅、桜、桃など千数百本の木と、牡丹、菖蒲など数百株の植栽を計画するなど、参拝者の「快楽」を優先的に考えていた（『神苑会史料』）。

神苑会は小沢の大旨を実現させるために、一二〇万円の予算を見積もっていた。これには寄付金に頼るしかないが、まず地元を中心に募金を開始する方針を取った。三重県庁が各郡長に、郡長が町村戸長や資産家に寄付金を依頼する体制となった。そして『伊勢新聞』もほぼ毎週のように「神苑会寄付金広告」を掲げ、募金活動を促進した。一八八九年末、妓楼経営者の太田小三郎と神宮大宮司の鹿嶋則文は上京することを決めた。小沢圭次郎と東京で合流して首都東京で政府要人、企業家を対象に寄付金を募る考えであった。東京では翌年二月に大日本帝国憲法発布を控えており、これは太田らにとって極めて有利な状況であった。憲法発布儀礼は、天皇と天照大神との有機的、神話的関係を強調する。憲法発布の日に起きた森有礼《ありのり》の暗殺も、人の目を伊勢に向けさせる上で重要であった。

太田らはこの好都合な状況を利用して、有栖川宮《ありすがわのみや》熾仁《たるひと》親王に神苑会総裁役を引き受けてもらった。宮内次官の吉井友実《ともざね》が神苑会の会頭に、帝国大学総長渡辺洪基《ひろもと》が副会頭に指名されたのもこのときである。有栖川宮はすぐに評議員を任命し、霞ヶ関の御邸内で評議会をひらいた。評議員の顔ぶれは、三条実美《さねとみ》内大臣、山田顕義《あきよし》司法大臣、土方久元《ひじかたひさもと》宮内大臣、松方正義大蔵兼内務大臣、渋沢栄一、九鬼隆一《くきりゅういち》図書頭など、「国家の元勲名士」であった。評議会では、太田、鹿嶋、小沢が持参した「神苑会仮規則書」に基づく議論がなされたと思われる。このとき吉井会頭の伊勢出張が決まり、神苑会本部を東京におくことも同時に決定したようだ。皇太后、皇后が神苑会へ御下賜金を賜ったのも、太田と鹿嶋の上京中であった（『神苑会史料』）。

太田、鹿嶋、小沢の上京はこうして大いに功を奏し、宇治に帰り、神苑の実現へと邁進した。一八八九年の式年遷宮には遅れたものの、内宮と外宮の神苑は九二年末にやっと完成をみた。小沢の企画した噴水と曲水、鴛鴦亭などはつくられなかったが、内宮と外宮の空間は大きな変貌をとげた。我々が今日通る清々しい神苑は、このときにできたものである。神苑会は、さらに五十鈴《いすず》川沿いに二九〇町分の「風致山林」も購入し、また当初の計画になかった農業館を外宮前に建設した（『神苑会史料』）。近代史研究者の高木博志は、この神苑を「神経症的なまでに潔癖」だと位置づけたが、その通りであった。

神苑の整備

しかし明治期の旅行案内書は、この新しい空間を高く評価していたことにも注目したい。一事例ではあるが、『伊勢参宮按内記』（一八九七年）では、勾玉池が見所の外宮神苑を「水洋々《ようよう》たり、白蓮、池の面を覆いて、水鳥時に浴し、松間の桜、雪中の梅香、春の花、夏の涼《すず》み、秋の月、冬の雪、四季共に絶景の地」だと絶賛する。『按内記』は、新しい農業館にも目を向け、その設計が「田中芳男《よしお》先生の手になれり」と自慢している。ちなみに、田中はこのとき上野博物館長兼神苑会幹事であった。「年々参拝し集まる農家の子弟の為」の農業館は、「産物、並びに器具及び標本模型、園書、統計表など普《あまね》く展列して」いたという。『按内記』は、内宮神苑についても「五十鈴川に沿い、神路山に面し、四時の花木、色を争い、風景の佳趣《かしゅ》、最愛すべし」と賞賛する。

神苑会の太田らには、一人でも多くの参拝者を宇治山田に誘致して、当地の経済を昔のように

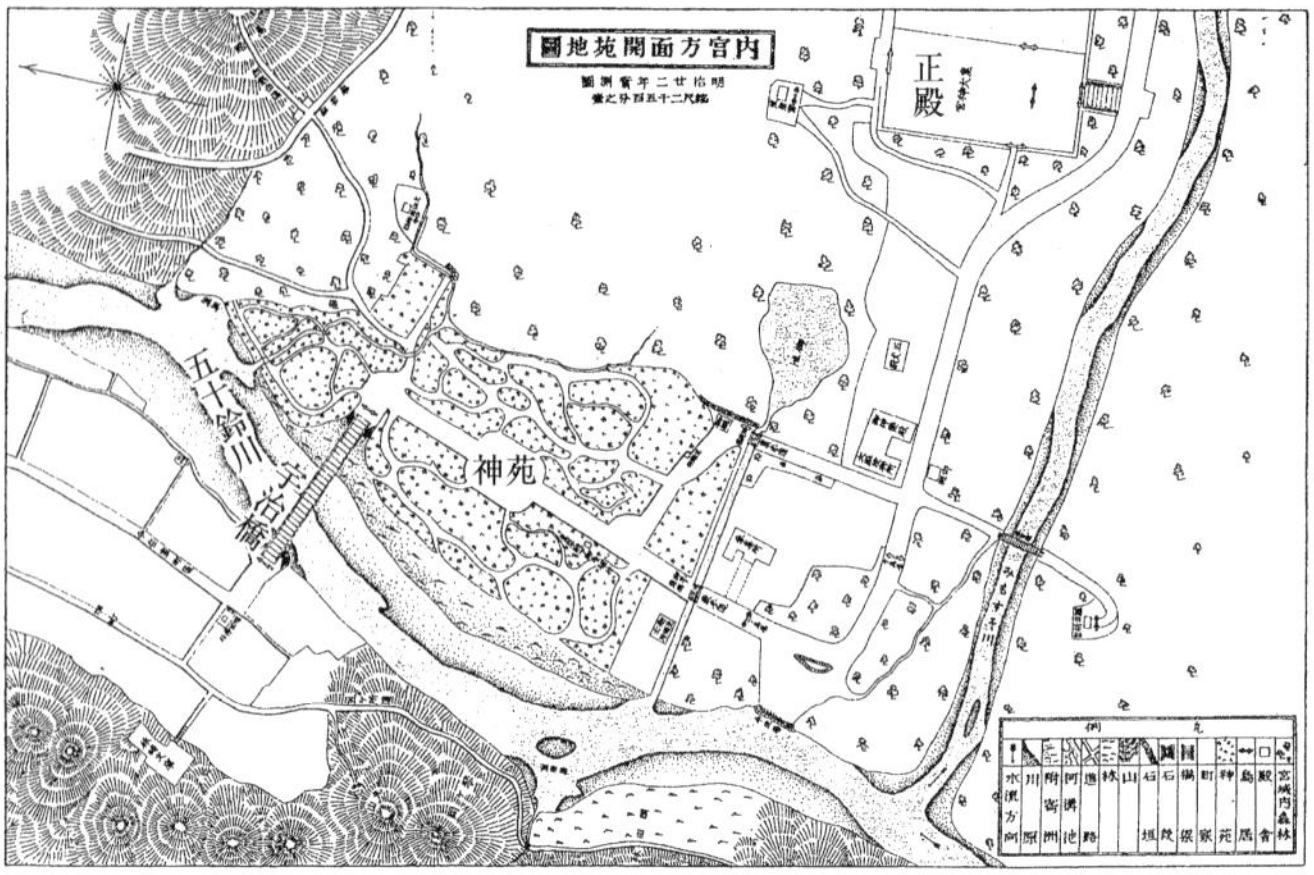

図13　内宮神苑平面図
（神宮司庁編『神宮・明治百年史』下，神宮文庫，1988年）

活気づけたいねらいがあった。そのため参宮者の「快楽」や「娯楽」を常に考えていた。そのねらいを達成するために、より大胆な企画案も以前から練っていた。その全貌が「倉田山計画見積順序」という史料にうかがえる。倉田山は外宮と内宮との間にある未開拓の山であった。神苑会はその一帯を購入して開拓し、そこに歴史博物館（のちの「徴《ちょう》古《こ》館《かん》」）、付属農業館をまず建設する。さらに、古俗園、書籍館、画廊、動物園、植物園、水族館、競馬場、能舞台もつくる構想だった。農業館はすでに外宮前に建っていた。また、徴古館もその後一八九五年にできたが、これは二見浦の賓日館内に配置した、あくまで「仮」の施設であった。この仮の徴古館は、同年京都で開催される平安京遷都一一〇〇年記念祭に際し、近畿地方に旅する大勢の人々を二見浦にも誘致する戦略であった。いずれにせよ、倉田山計画はとてつもない資金を必要とする事業で、日清・日露戦争という国家的な危機が間に入り、財政などの問題も多々あって、募金活動は振るうはずもなかった。倉田山が形を整えていく過程を詳細には論じないが、一応の完成は、神苑会設立から二〇年も経った一九〇九年（明治四二）の秋だった。この年の式年遷宮に間に合わせて完成するという目的は、見事に達成できた。倉田山に徴古館は建ち、農業館は外宮前から同じ敷地に移築され、「撤下御物《てっかぎょぶつ》拝観所」も少し離れた所に建ち並んだ。拝観所は、一八八九年の遷宮で内宮から撤下された神宝や装束を展示する場で、太田らにとって神苑会設立当時からの夢でもあった。旅行案内書類等でみると、拝観所が当時最も注目を浴びていた施設だったようだ。当初の企画案にあった動物園、植物園、水族館、競馬場は実現しなかったが、倉田山は実にユニークな「神苑」となった。

倉田山の特徴

倉田山の性格について注目すべきことが色々あるなかで、その空間の「近代性」がまず目につく。国立の博物館は一八八九年に東京、九五年に奈良、そして一九〇〇年に京都に開館する。近代都市には博物館は欠かせない条件で、倉田山に博物館ができると宇治山田市の近代都市としての一条件が満たされる。倉田山の徴古館は日本初の歴史博物館であり、農業館も日本初の私立自然科学博物館であった。倉田山が西洋的建築デザインを宇治山田に持ち込んだことも、自らの近代性を訴える効果があった。徴古館の設計は、赤坂離宮など

図14　創設当時の倉田山（伊勢市編『伊勢市史』第４巻〈近代編〉2012年）

で著名な片山東熊《とうくま》が依頼され、洋風の建築に仕あがった。庭園も、宮内省内苑局の市川之雄《ゆきお》の設計で、ベルサイユ宮殿を象ったともいわれる西洋式だった。農業館はそれに対し日本的で、京都の平等院鳳凰堂《ほうおうどう》をモデルにした木造のデザインだった。

今一つ指摘したいことは、できた当時の徴古館の展示物とその展示物による歴史の語りについてである。徴古館は九つの展示室から構成され、日本の歴史をテーマ別に語る仕組みになっていた。興味深いのは、今の徴古館と違って天孫降臨などの神話を語る空間を当初設けていなかったこと、そしてどうやって入手したのか不明だが法隆寺、東大寺、薬師寺などの宝物を展示していたことである。神話を語らず仏教を語るというのが、徴古館設立当時の注目すべき特徴であった。維新期において宇治山田から取り払われた仏教は、一時的ではあれ、伊勢の歴史の中に再び取り戻されることとなった。

残された課題

神苑会に残った仕事は一つ。それは、この倉田山を宇治山田市の空間全体に統合することであった。神苑会は、すでに山田から倉田山へ通ずる道路を一九〇三年に建設していた。その後、三重県がその事業を引き受け、さらに内宮へと道を繋げていった。五・五キロに及ぶこの道路は一九一〇年に完成したが、明治天皇の参宮に備えてつくられたため「御幸《みゆき》道路」と名づけられた。翌年バスが走るようになる。それより少し前の一九〇六年、太田小三郎率いる宮川電気鉄道が軌道を敷設し、山田と宇治を倉田山経由で路面電車で繋げた。

これまでは、外宮から内宮へ行くには、遊廓の古市を通る幅の狭い、急勾配な参宮街道しかなかった。天皇の参宮に備えてつくられたこの御幸道路および路面電車は、古市を回避し、一般参拝者の参拝体験を大きく変えることになる。参拝の基本コースは、外宮→古市→内宮から外宮神苑→外宮→倉田山→内宮神苑→内宮へと変容した。参拝者は、古市の妓楼や芝居小屋でなく、倉田山の博物館に足を運ぶよう仕向けられた。古市は「神都」としての宇治山田から事実上外される運命となった。

「神都」と神苑会の遺産

一八八九年という式年遷宮の年に宇治町と山田町が合併し、宇治山田町として生まれ変わった。宇治山田町は、一九〇六年の市制施行で宇治山田市へと発展していく。神苑会の太田らは、町、市としての宇治山田ができる以前にも、宇治と山田をユニークな都市として概念化していた。それはほかでもない、神の都つまり「神都」である。

図15　御幸道路 伊勢両宮参拝順路の図（飯田良樹蔵）

神苑会が解散する一九一一年までには、「神都」というブランドネームが全国へと広まりつつあった。この宇治山田の「神都ブランド化」には、神苑会が大きく寄与したことに注目したい。

「神苑会創設主旨」（一八八六年）の中には、「神都の規格未だ十全の完備を尽くすを得ず」とある。「神都の地たる」は「千歳の風致」だが、神宮の荘厳感は未だに定着していない。そのため「神都の面目」を改更したい、という。これは神苑会が宇治山田を神都というにふさわしい聖地に改革する、という宣言である。さらに、太田が一八八八年に認めた「神苑会事迹書」には、「神宮は、帝国の大廟にして、神都は天下の霊区なり」とある。同年に神苑会の吉川正三郎らは、「町」ですらない宇治と山田をいきなり「市」にする運動を起こし、三重県宛ての「上申書」では宇治山田が「大廟鎮座の霊区」で、「世人又目して神都というに至」った事実を訴える。この運動は失敗に終わったが、この後徐々にではあるが、宇治山田において神都という自己像が定着していく。

一八九五年、京都は平安遷都一一〇〇年記念祭を開催し全国的な注目を浴びたが、宇治山田町では京都に対し強いライバル意識が生まれた。神宮司庁が同年に『神都名勝誌』を刊行し、京都で販売していたのも偶然ではない。宇治山田は京都を遥かに凌ぐ都市だという響きを「神都」は持つ。翌年一〇月から宇治山田で神都大祭という祭りを創出し、開催したが、そのころから神都を名乗るイベント、組織が続々と現れてくる。一八九七年だけでも神都徳盛会、神都天保会、神都武友会、神都画会、神都鈴水会、神都軍楽隊、神都相信会が『伊勢新聞』の紙面で確認できる。その数は毎年のように増えていく。宇治山田市の誕生（一九〇六年）を契機に、宇治山田の人々の神の都《みやこ》への帰属意識は大いに高まった。『伊勢新聞』はその画期を迎えた社説において、宇治山田が「大廟の鎮座地として神都の尊称を以て全国に知られ」ている、中世のヨーロッパにおけるキリスト教徒のエルサレムのような存在である、「神都の地は、この点に関して全国の注意を惹くこと、実に三都を凌ぐものあり」と伝える。

『伊勢新聞』はここで、市制の歴史的意味をアピールするのに神苑会の神都言説をほぼそのまま再利用していることに気づく。これから、政治の世界においても（神都倶楽部など）、実業界においても（たとえば神都製紙会社、神都製陶所、神都瓦斯株式会）、神都が根を張っていく。神都という都市ブランドが全国的に波及していく過程は突きとめにくいが、『伊勢みやげ旅寝之友』のような旅行案内書にも登場し、参拝者数が増えるに比例してその概念は全国的に広まっていった。全国の新聞でみるかぎり、宇治山田が特に神都として取り上げられるのは大正時代以降となる。

神都というブランドネームが定着したのは、宇治山田が神の都というにふさわしく変貌したからにほかならない。宇治山田市は、近代天皇の祖先を祀る大廟としての伊勢神宮を中核とし、さらに近代的な都市が求める整然とした空間（神苑、御幸道路）、博物館（徴古館、農業館など）、交通網（参宮鉄道や宮川電気）などの性格を新たに備えた。そしてその変貌は、太田小三郎率いる神苑会の活躍を抜きにして語ることはできない。

大正・昭和期の国民と伊勢神宮

一九二九年の式年遷宮

国民と伊勢神宮

これまで、伊勢神宮が明治維新をへて近代国家や天皇と密接不可分な関係を構築していくことをみてきた。近代国家は、伊勢神宮を天皇の大廟《だいびょう》とし、天皇の存在を権威づける近代的聖地として新たに位置づけたのである。同時期に宇治町と山田町が宇治山田市へと発展し、「神都」という新しい都市ブランドが全国に広まりつつあった。

明治期は他方で国民と伊勢神宮との関係が遠くなり、希薄化していく時代でもあった。それは参拝者数の激減が語る現象である。神宮司庁、神宮教、宇治山田の旅籠屋経営者、あるいは神苑会の尽力があったにもかかわらず、結局は伊勢神宮への参拝者が増えることはなかった。その現象が決定的に覆され、国民が伊勢神宮と新たな、これまでにない親密な関係を確立するのは、ここで取り扱う大正・昭和時代である。その最も重大な契機となったのは、一九二九年（昭和四）

に行われた第五八回の式年遷宮であった。

近代国家は、式年遷宮を一八八九年と一九〇九年に天皇儀礼および国家儀礼として実施したが、一九二九年の式年遷宮は、その規模や質においてこれまでと全く異なるものであった。それは、国民が初めて深く関わったからにほかならない。「国家神道」の最盛期に行われた第五八回の式年遷宮は、史上初めて「国民儀礼」として演出されたのである。

ここでは、まず一〇月二日の遷御儀礼を再現し、その国民の儀礼としての性格を明らかにしていく。国民と神宮との新たな関係がいきなりできたのではなく、大正初年から形成されつつあった事実にも注目したい。その形成過程を次にみる。その際、新聞などのメディアや、文部省が実施した教育、あるいは神宮が自ら行った広報活動が主な材料となる。これらメディア、教育、広報にみる伊勢像に注目した上で、最後に大正・昭和期の宇治山田の空間に目を向ける。一九二九年の式年遷宮は、一時的ではあれ、宇治山田を日本全国の中枢に位置づける効果があった。宇治山田が、京都や大阪さらに東京をも凌ぐ「神都」として現れたのもこの時期である。昭和の式年遷宮を軸に、その空間が具体的にどう変容したのかを終戦までたどっていく。

昭和天皇と遷御儀礼

一九二九年一〇月二日の午後八時、天照大神は内宮本殿を出立して世に姿を現し、新殿へと向かった。昭和天皇はそのとき神宮ではなく、東京の皇居にいた。より正確にいえば、神嘉殿の南庭に建てられた仮屋の中に入っていた。この神嘉殿は天照大神、歴代天皇の皇霊、そして天の神と地の神を祀るいわゆる「宮中三殿」の西に位置している聖なる場である。束帯に黄櫨染《こうろぜん》の御袍《ごほう》を身にまとった天皇は、八時ちょうどに「神御に対し約五分にわたって恭しく御拝をつづけさせたま」った。高松宮や伏見大将宮などの宮殿下は、仮屋の外に待機して天皇にならって遥拝《ようはい》した。皇后は出産直後だったため遥拝はひかえたが、皇太后も宮妃もそれぞれの御殿において遥拝を行った。

伊勢の現場においては、勅使の九条道実《くじょうみちざね》と祭主の久邇宮多嘉王《くにのみやたかおう》が儀礼に参列した。勅使は、遷御直前に天皇が任命し、自らの代理として伊勢に派遣したものである。祭主も、天皇が任命する「大御手代《おおみてしろ》」つまり天皇の身代りであった。勅使も祭主も、遷御で重要な役割をはたした。勅使は、天照大神が本殿を出る直前に本殿の階下から、「新殿の造営が完成し、大神がまもなく遷《うつ》る」という意味の祭文《さいもん》を奏上した。祭主は、その後大宮司と少宮司を伴って階を昇り殿内に入り、天照大神が遷る準備を整えた。そして八時になるや勅使は「出御《しゅつぎょ》」を三回唱えた。天照大神が出立する合図だ。本殿から新殿への長い行列の中核には、大宮司らが捧持する天照大神の「御体」があり、勅使はその「大御前《おおみまえ》」に、祭主はその「御後《おんうしろ》」に供奉《ぐぶ》した。

天皇儀礼としての式年遷宮

この一九二九年の式年遷宮に天皇が関わったのは、遷御当日だけではない。一連の行事が始まった一九二〇年、大正天皇は遷御のスケジュールを「御治《じ》定《じょう》」した。大正天皇は一九二六年に亡くなったが、かわって昭和天皇が一九二九年に内宮、外宮それぞれで行われる日程を「御治定」した。また天皇は、遷御直前に天照大神に捧げられる装束と神宝を「天覧」し、遷御翌日の三日に、勅使は天皇からの供え物を天照大神に捧げる「奉幣《ほうへい》」という儀礼を行い、その夜天皇が派遣する楽師が御神楽《みかぐら》を奉納した。このように、昭和の式年遷宮はまぎれもなく「天皇儀礼」として行われたことが分かる。

天皇が遷御とこのように関わり合うのは、明治以降であることに留意したい。天皇が皇居から初めて遥拝したのは、一八八九年（明治二二）の遷宮のときである。皇族が祭主となり、その祭主が天皇の「大御手代」と定義されるのも、このときからである。「天覧」は古代に行われたことは事実だが、中世後期に途絶え、一八八九年に数百年ぶりに復活した。奉幣も御神楽も明治に創出された儀礼である。

天皇の意志と式年遷宮

一九〇八年公布の「皇室祭祀令」では、式年遷宮が皇室の「大祭」となった。遷宮を直接担当したのは、八七年内務省内に設置された造神宮使庁《ぞうじんぐうしちょう》の官僚だったが、天皇個人の意志が近代の式年遷宮に反映されることもあった。明治天皇に関連する興味深いエピソードがあるので、それを紹介しよう。

一九〇四年（明治三七）のこと、時の内務大臣芳川顕正《よしかわあきまさ》は、伊勢神宮をこれからは檜でなくコンクリート製にする案を明治天皇に提出した。多くの木材を二〇年に一度手に入れるのも困難であり、文明開化にふさわしいコンクリート造りが望ましいと言ったところ、天皇は「祖宗《そそう》建国の姿」でいきたいと跳ね返した。日本が「祖」（天照）「宗」（神武天皇）によって建てられたときのままがいい、と。この話は『明治天皇紀』（巻一〇、八〇二頁）に載っていてよく知られている。あまり知られていないのは、その後内宮の正殿を造営するとき、「磐石」という名の礎石をおいて、その上に柱を建てたという、文明開化への妥協策がとられたことである（『朝日新聞』一九〇九年三月二七日朝刊）。これは、明治天皇の承諾があったに違いない。

今一つのエピソードは、御樋代《みひしろ》に関するものである。御樋代は、天照大神の神体を納める黄金の容器で、遷御の際御船代に納められる。この黄金の御樋代は、明治までは遷宮のたびごとに新たにつくり、神体を新しいものに遷すしきたりだったが、明治天皇は、内務大臣内海忠勝の意見を入れて、それを「実に惶懼《こうく》堪えざる」（畏れ多い）ということで、廃止することにした。一九〇九年の遷宮以降、この黄金の御樋代は開かれないことになっている（『明治天皇紀』巻一〇、七六〜七七頁）。さらに、遷御翌日に御神楽を奉納したのも実のところは明治天皇のアイディアであったらしい。いずれにせよ、天皇個人の影響が演出にまで及んでいたという意味でも、近代の式年遷宮はまぎれもなく天皇の儀礼であった。しかし、近代の式年遷宮は同時に国家儀礼でもあり、国家権力と密接に繋がっていたことも明らかである。その現れを次にみてみよう。

遷御の政治性

さて最大の神である天照大神がこの世に自らの姿を現し、人間と接触するという意味において、遷御は極めて神秘的でドラマチックなイベントである。遷御は、多くの神社の祭りに神が神輿に担がれて世に出る御生《みあれ》に通じるものだが、天照大神は神輿ではなく、御船代《みふなしろ》といわれる船の形をした「御器」に乗って本殿を出立する。この遷御のドラマは同時に極めて政治的であることを見逃してはいけない。天照大神は、近代国家の元首、天皇の祖先神であるために、天皇を中軸とする国家権力の神秘的根源でもある。したがって、その神が御船代に乗って世に出るのは、国家権力の神秘性を顕示する一大パフォーマンスにほかならない。新しい社殿を造営しなければならないために天照大神が仕方なく遷る、という類の儀礼ではない。遷ることこそ遷御のポイントであって、八年もかけて完成する社殿の造営は、まさにこの遷御のドラマを可能にするために行うものである。一九二九年に内務省の官僚などはこう議論していた(『神社教会雑誌』遷宮特集、一九二九年)。明治以来の遷御儀礼はこうして極めて政治的な性格を有するが、その政治性が最大限に表現されたのは、一九二九年の遷御に参列した総理大臣の姿にみえた。ちなみに、一八八九年の遷御に参列した公的権力の代表者は三重県知事のみであった。一九〇九年の場合は、三重県知事のほか内務大臣平田東助と神社局長の水野錬太郎が遷御に参列した。しかし一九二九年となると、国家的性格は内閣総理大臣浜口《はまぐち》雄幸《おさち》の参列をもっていっそう闡明《せんめい》となった。

図16　衣冠姿の浜口雄幸
(『歴史写真』1929年11月号)

遷御—近代の国家儀礼

遷御当日、衣冠束帯姿に着替えた総理は、内務大臣、神社局長、三重県知事とともに「供奉員《ぐぶいん》」を務めた。供奉員は、天照大神を内玉垣御門前に迎え、行列の後陣の一部をなして大神の「お供」をし、新殿へと一緒に向かう、能動的な役割である。

新殿に向かったその行列には、総理大臣、内務大臣のほか、宮内大臣、内大臣、枢密院議長、貴族院議長、衆議院議長、国務大臣総代、大勲位総代、元帥総代、陸軍・海軍両大将総代、貴族院・衆議院両議員総代、各中央官庁、つまり内務、外務、大蔵、陸・海軍、司法、文部、農林、商工、逓信、鉄道、朝鮮総督府、台湾総督府、関東庁、樺太庁、南洋庁の職員などが加わっていた。「国家儀礼」の定義は色々可能だろうが、総理をはじめとする最高の権力者による参加が一条件と考えて差し支えがないだろう。その条件を、この遷御は見事に満たしている。

さらに注目すべきは、軍の存在である。国家は「正当な暴力を独占する主体」だといわれるが、その暴力を担当する軍の姿は国家儀礼に欠かせない。二九年の遷御の一特徴が、陸軍と海軍の参加にみえる。実ははやくも一八八九年の遷宮に二〇〇人前後の儀仗《ぎじょう》兵が参加して、天照大神の行列の前陣と後陣の護衛を務めた。一九二九年では歩兵第三三連隊の一個大隊（三〇〇人前後）が儀仗兵役を担った。天照大神が新殿に入って、新殿の扉が閉められたのち「国の鎮め」をラッパで吹いたのも、彼ら儀仗兵である。ほかには、二見浦《ふたみがうら》の沖に第一艦隊二〇隻の軍艦、駆逐艦、掃海艇、潜水艦が在泊し、海上の警備に当たっていた。一〇月二日の午前中は、谷口第一艦隊司令長官以下の幕僚がまず参拝をし、その後に八〇〇〇人にものぼる乗組員も内宮と外宮を参拝し

図17　軍艦五十鈴乗組員による内宮参拝
（『歴史写真』1929年11月号）

た。伊勢湾滞泊中の軍艦は、自らの存在をいっそう強くアピールするために、二日と五日に満艦《まんかん》飾《しょく》をしてイルミネーションも施した。

国民儀礼としての遷御

この一九二九年の遷御は、重層的なイベントであった。天皇儀礼ではあったが同時に国家儀礼でもあり、しかしそれ以上に「国民儀礼」として理解すべきである。これまでにあり得なかった国民の関わり合いに、この遷御の画期性が見出せる。

国民儀礼である条件とは、儀礼が全国的に波及し、国民がその波及に応えて共鳴し、主体的に参加することにある。このような国民儀礼は自然発生的に起きるものではなく、国家があらゆるテクノロジーを動員することで、幅広い国民の主体的参加を可能にする。国民の儀礼参加には「強制」の側面はもちろんあるが、強制のみで理解できない「自由に」参加する側面もある。

一九二九年遷御の場合は、国家による時間の支配が注目に値する。決定的なのは、政府が勅令をもって一〇月二日を休日と定めたことで、日常的な時間がこの日に止まってしまったのだ。これこそ国民参加の前提条件だった。

国民の姿は内宮の本殿と新殿前の空間に設けてあった「奉拝者《ほうはい》」席にみえた。奉拝者は、遷御行列を目撃する特権を有する人々である。有爵者をはじめ、優位者、貴族院・衆議院両議員、神仏各教派管長、キリスト教各派代表、道府県会議員、市長、六大都市の参与、区長、市会議長という特権階級のほか、学校生徒総代、青年団総代、女子青年団総代などもその席にいた。その数は一万五〇〇〇名にのぼったといわれる。遷御行列が彼らの前を通ったとき、彼らは「一斉にひれ伏しぬかづく」有様だった。そして「感極《かんきわ》まってここかしこに起こり来る礼拝の拍手」もわき上がった（『大阪朝日新聞』一九二九年一〇月四日朝刊）。

宇治橋から内宮敷地までの参道沿いにも一般奉拝者がずらっと座っており、その数は二万人ほどといわれた。彼らは、遷御の行列が終わってしばらくすると御新殿に参宮を許されて「神前に額《ぬか》づき、民草《たみくさ》の誠を捧ぐるもの引きも切らず」という状況であった（『朝日新聞』一九二九年一〇月三日朝刊）。

この一〇月二日には六万人もの参拝者が宇治山田市におしかけ、大雨にもかかわらず「実に同市空前の賑わいを呈」する盛況だった。鉄道省は運賃の割引券を発行し、臨時列車も走らせた。参拝者が山田駅で降りると、駅前に、「奉祝大アーチ」があり、その彼方には大路小路の軒並に紅白のタンダラの引幕、螺鈿《らでん》まばゆい御神灯、秋風になびく日章旗などが飾ってあり、一円タクシーが町の中を忙し気に走りまわっている「奉祝気分ならざるはない有様」であった（『世界画報』第五巻一一号、一九二九年）。

宇治山田だけが盛り上がったのではない。全国で祝祭イベントが催された。地域の神社と学校は、特に重大な役割を担わされた。内務省は、まず「官幣社《かんぺい》、全国以下一般神社」に遥拝式を開催するよう命じた。文部省は、全国の学校に奉賀《ほうが》式を執り行うよう指示した。男女青年団や青年訓練所も同じ指示を受けた。この「奉賀式」は、神宮に向かって遥拝した上、校長が教育勅語を捧読《ほうどく》し訓話を行うという、新しいタイプの儀礼だった。神宮司庁は奉賀式用の訓話材料を用意し、内務省と文部省が全国の官庁と学校に配布した。

一九二九年当時は、大都市でもラジオを持った世帯はわずか一〇％しかなかったが、政府はラジオに大きな期待をかけたようだ。ＪＯＣＫラジオは、二日午後七時から一〇時までの間、第二放送所から遷御の儀を「刻々と」全国に放送し、さらに一連の「御遷宮記念講演」も放送した。遷御当日は内務大臣が「遷宮祭を奉祝して」を主題に、「式年遷宮は、神宮を中心として国民精神統一振作《しんさく》を図るべき絶好の機会」だと国民に訴えた（『神宮式年遷宮講演録』大阪国学院、一九二九年）。

全国的な奉祝

大都市の状況についてみると、東京では明治神宮が祝賀の一拠点となったらしい。早朝五時半ごろから大勢の人が明治神宮に参拝し、「参拝する学生の群れ」や「祭日を楽しみにつれた勤め人、都見物の地方陣、兵隊さん」などで大変な賑わいであった。そして、午後八時より明治神宮の社頭において遥拝式を執行した（『大阪朝日新聞』一九二九年一〇月三日夕刊）。

大阪は「全市を挙げて奉祝気分に浸り、中心地といわず場末《ばすえ》といわず軒並みに国旗を掲げ、また市電もバスも小国旗を立て、奉祝の誠を表し、道行く人の足どりも何となく落ち着いて見え、

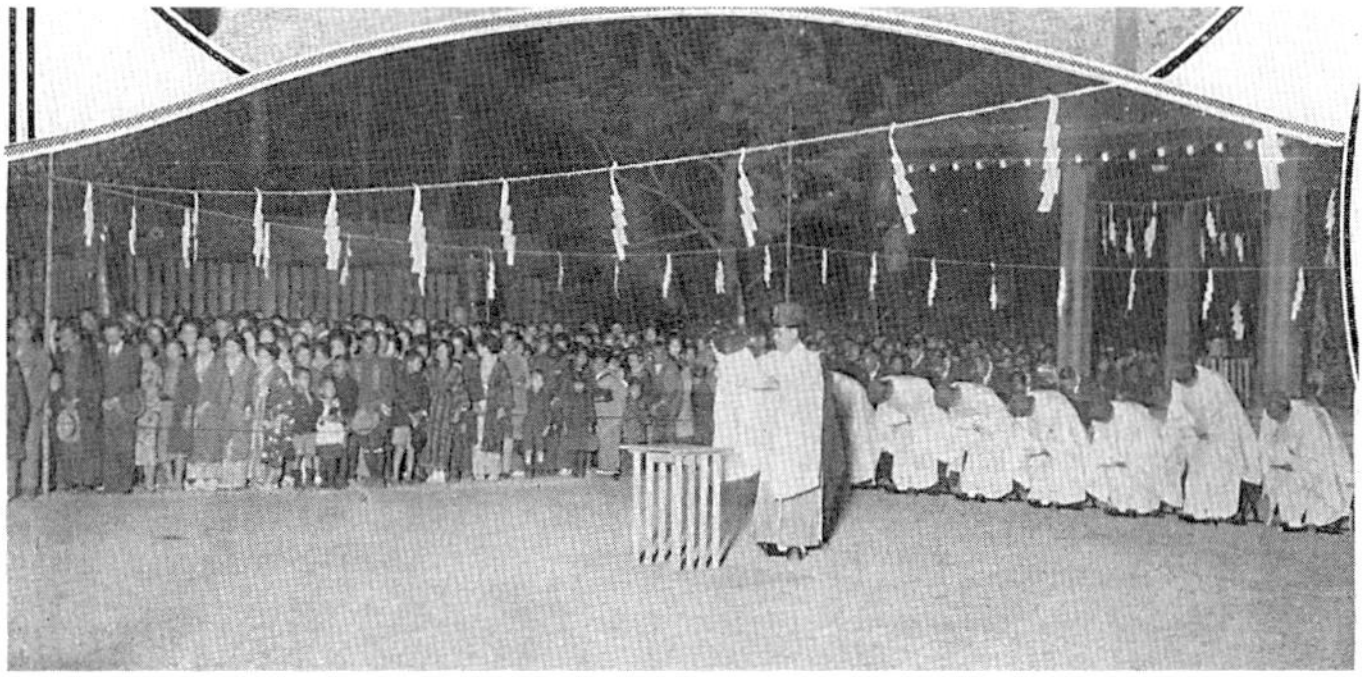

図18　明治神宮の遥拝式（『歴史写真』1929年11月号）

瑞祥《ずいしょう》の気はいたるところに満ち溢れた」（『大阪朝日新聞』一九二九年一〇月三日夕刊）。そして生国魂《いくくにたま》神社、大阪天満宮、石津太《いわつた》神社などには大勢の参拝者が押しかけた。京都市内は、「敬虔《けいけん》の気にみちていた」事例として、『大阪朝日新聞』（一九二九年一〇月三日夕刊）はカネボウ京都工場のグラウンドで午前中に三〇〇〇人もの男女社員が伊勢に向かって遥拝したこと、明治天皇の墓である伏見桃山陵でも朝から参拝者で賑わったこと、そして上賀茂神社と下鴨神社では一斉に遥拝式を夜に挙げたことを報道した。

浜口総理は『大阪朝日新聞』（一九二九年一〇月二日朝刊）のインタビューに応じて、遷御儀礼は国民の「我が国体の根本儀についての意識観念」をますます強くする契機だと位置づけた。政府が内務省、文部省、鉄道省、大蔵省を動員して、遷御儀礼の全国的波及と国民による共鳴を図ったのは、まさにそのためであり、国民が共鳴するための切り札は、遷御を勅令をもって祭日にしたことだった。むろん、一体どれだけの日本人がどのような気持ちで遷御関係の行事に参加したのか、知るすべはない。なお、わずかだが、国民が参加を断った事例もある。一部のカトリック系の学校、すなわち東京の暁星《ぎょうせい》中学校、大阪の明星商業学校、長崎の海星中学校、そして鹿児島の大島高等女学校は、奉賀式を行わなかった。ただこれは、ごく例外的だろうと思われる。確実にいえるのは、二〇世紀に入ってから特に大正から昭和にかけては、国民の伊勢神宮に関する認識は、一九世紀では考えられないほどに高まっていたことである。

では、二〇世紀の日本人はどのような認識を持っていたのか、その認識がどのようにして根を下ろしていったのか、それを次に考えてみよう。新聞報道、文部省の教育、神宮が自ら行った広報活動が大きな手がかりとなる。

大正・昭和の伊勢神宮を語る

メディアにみる伊勢神宮

大正・昭和時代のメディアは、伊勢神宮をどのように語っていたのだろうか。当時発行部数一五〇万部前後の『朝日新聞』を例にして考えてみよう。『朝日』は新聞として特に例外的ではなく、むしろ典型的だったと思われる。『朝日』紙面のいわば「言説」（記事にみる語彙のほか、図版など）を探ることによって、読者がどのような式年遷宮、神宮を思い描いていたのかを知るヒントが得られる。

一九二九年（昭和四）当時の『朝日』の取材を二〇年前のそれと比べてみると、気づくことはまず遷宮関係の図版が大幅に増えたことである。一九〇九年（明治四二）では三月に宇治橋の写真が掲載されているが、遷御当日まではほかに写真を載せない。当日は、内宮および外宮正殿それぞれの小さい写真が掲載されているが、神宮と無関係の記事の中にはめ込まれ、「内宮本日遷御」と簡単なキャプションがついているだけである。そして一〇月四日は、勅使が宇治橋を馬車に乗って渡る「勅使参向」と、能楽堂それぞれの写真が載っている（『朝日新聞』一九〇九年一〇月四日朝刊五面）。これらの図版は、式年遷宮ないし遷御そのものにあまり光を当てるものではない。

だが二九年の『朝日』は全く異なる。九月から多くの図版を載せ、絵画と写真をもって文字による詳細な記述を補足する。神宝の写真、あるいは神職が神宝を検分する「神宝読合《とくごう》」儀礼の絵画がその一例である。さらに、一〇月二日朝刊二面に載った内宮遷御の絵画は、遷御の実感を百数十万人の読者に与えるのに充分だったに違いない。二日の夕刊および三日の朝刊と夕刊に載った写真（総理大臣、勅使、閣僚）も、当日の様子を生き生きと読者に伝える。この図版のほとんどが朝刊の二面と夕刊の第一面に掲載されている。当時の『朝日』朝刊の一面は広告ばかりで、二面は今日でいう「一面記事」に相当することから、読者の目にすぐに止まったものと思われる。

次に『朝日』の記事そのものに目を向けよう。同紙は一九二九年の一年間で、遷御に関する記事を一六〇以上も掲載した。〇九年の二倍以上の数である。内宮遷御の前日から翌々日までの四日間の取材をみると、二九年は三四記事で合計字数は約一万四〇〇〇字、ほとんどすべてが朝刊二面か夕刊一面の掲載である。それに対して、〇九年は六記事（合計約四〇〇〇字）で、すべてが四面か五・六面に載っていた。また二九年の紙面デザインをみると、見出しは太く大きく、また

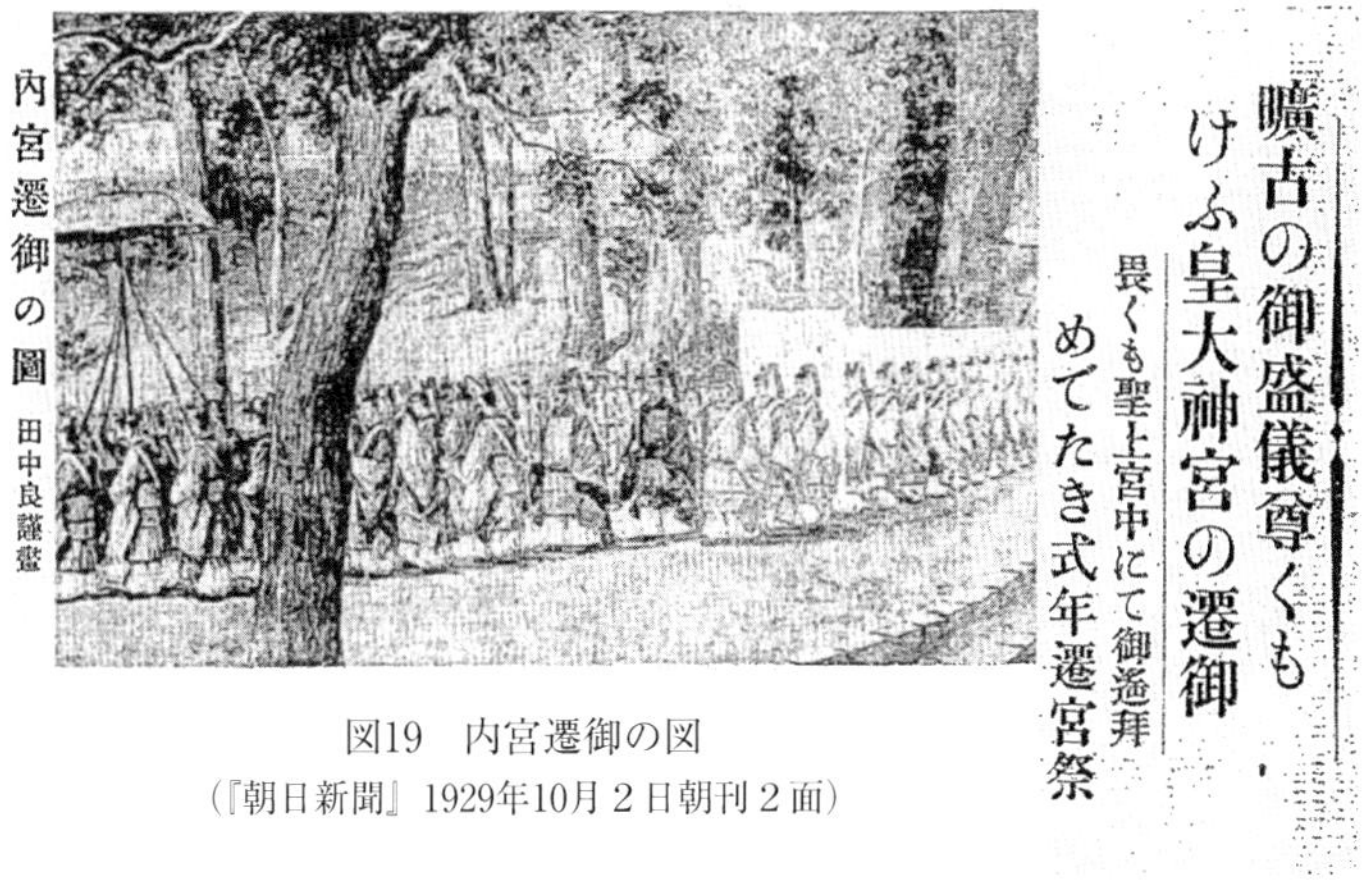
曠古の御盛儀尊くも
けふ皇大神宮の遷御
畏くも聖上宮中にて御遙拝
めでたき式年遷宮祭

図19　内宮遷御の図
（『朝日新聞』1929年10月２日朝刊２面）

長く説明的になっており、中見出しや小見出しがついている。本文にも太字書体が導入され、読者の注目を引くためのさまざまな工夫がみえる。

一九二九年一〇月二日付『朝日』朝刊の大見出しをみてみよう。

　曠古《こうこ》の御盛儀 尊《たつと》くも／けふ皇大神宮の遷御／畏《かしこ》
　くも聖上宮中にて御遥拝／めでたき式年遷宮祭

とあり、形容詞と副詞が多いことに気づく。「前代未聞」を意味する「曠古」、そして「尊くも」「畏くも」「めでたき」などがそれである。これらの語彙は、遷御、天皇（「聖上」）、そして伊勢神宮そのものを修飾して敬意を表しつつ、読者の感情に訴えるねらいを持つ。描写する上で最も頻繁に出る語彙は、「畏し」で、この語は二〇年前の紙面では一切使われていない。「神々《こうごう》しい」も、「厳」という漢字も（たとえば「森《しん》厳《げん》」「荘厳《そうごん》」）も頻出する。遷御は、「畏くも古《いにしえ》ながらの神事」で、「御神体」が新殿において奉安されるのは「畏き極《きわ》み」だ。天皇の遥拝も「誠に畏き事の極み」だとされる。天照大神に捧げる神宝のすべてが国産品だという事実も、やはり「畏き極み」。「神々しい」となれば、遷御の行列には「高天原《たかまがはら》に帰ったような神々しさ」があるといい、「皇祖の御霊《みたま》」が新殿に遷るのも、「いい知れぬ神々しさ、尊さ」を帯びる、という。天皇が身にまとう装束も「神々しい」し、五十鈴《いすず》川のせせらぎもまた「神々しさ限りない」とあり、他方で、夕闇が神苑に迫ると「森厳の気は四辺に満つる」とある。雅楽は「森厳、崇高《すうこう》、神秘、優雅の限りを」つくし、遷御全体が「崇高森厳の四字に」尽きる、と記されている。

新聞の論調

『朝日』の語りには「神代《かみよ》」つまり神話時代のことが出てくるのも注目に値する。たとえば、遷御当日の朝に神職たちが川原で大祓《おおはらえ》を行うが、威容を正す神職の姿を「神代ながらの光景」とする。あるいは天照大神が本殿を出る直前に、神職が鶏の鳴き声をまねて「カケコウ」を三回唱えるのを、「天岩戸《あまのいわと》の嘉例《かれい》にならい、神代ながらの鶏鳴《けいめい》三唱」があったと書く。内宮は「浄暗の神代ながらの姿を映し出」し、その光景は「荘重《そうちょう》にして厳粛なることは、えん然神代の古にあって」「建国の精神に接する」気持ちが深い、とある。「神代」は、二〇年前の『朝日』では一切触れられていない。「神々しい」は一回、「森厳」は二回、「荘厳」は三回のみであった。二〇年前の同紙は読者の感情に訴えるねらいはなかったようだ。

　このように、一九二九年の『朝日新聞』の言説は極めて感情的で、遷御の神秘性を強調し、読者を魅了するものであった。このときの遷御の取材は、終戦までの伊勢取材全般に大きな影響を与えていくことを指摘しておこう。たとえば、政府は一九四〇年（昭和一五）に紀元二六〇〇年記念行事を開催した。昭和天皇は日本をつくった初代天皇神武の即位から二六〇〇周年を記念すべく、同年六月に伊勢を参拝した。その際の様子を『朝日新聞』はやはり情緒溢れる調子で描く。

御榊《さかき》の枝を御手《みて》に長く、長く御拝あそばされる陛下の神々しい御姿、建国の基《もとい》を定め給うた皇祖天照大神の大前《おおまえ》に悠久《ゆうきゅう》二六〇〇年の神意を御感謝あそばされた。

天皇は一九四二年一二月にも伊勢を参拝した。このときの取材も、明らかに二九年の系譜を引くものであった。天皇は「老杉《ろうさん》亭々として太古の森厳さを偲ばしむる浄寂《じょうじゃく》の宮域」を「通御《つうぎょ》」した。その光景は「神々しき極み」であった。天皇が告文を手に取って祈ったが、「玉音はいとも神々しく大御前《おおみまえ》に奏《そう》せられ」たし、「御親拝」する姿は「尊くも神々し」いものだった。ちなみにこの参拝目的は、総力戦下の戦勝祈願だった。

ここで強調すべきは、伊勢神宮をめぐるメディアの言説が、明治から大正・昭和にかけて大きく変容してきたことである。このことは、伊勢という現実も変容したことを意味する。それは、言説が現実を反映するだけでなく、新たな現実を形成するダイナミックな働きもするものだからである。

国定教科書のなかの伊勢神宮

一九一〇年代（明治末期から大正）から四五年の終戦までの間に国民の伊勢に対する認識は高まっていくが、その背景には小学校という現場もある。小学校教育において、伊勢神宮と神宮の祭神天照大神は重大な柱となり、国史、国語、そして修身の国定教科書で取り上げられる。国定教科書制度は、国家が編集し発行した教科書のみが利用可能な近代教育制度をいうが、これが日本に導入されたのは一九〇三年（明治三六）で、翌年から第一期の教科書が刊行された。ちなみに、第二期は一九一〇年、第三期は一八年（大正七）、そして第四期は三三年（昭和八）であった。四一年には教育制度が大きく改革され、国民学校が新しくスタートすることになる。

ここでは、第三期と第四期の教科書を中心にみていくが、念頭においてほしいのは、就学率だ。日本は、はやくも一九一〇年代に九六％の就学率となり、「完全就学」は三九年に達成された。これは、ほとんどすべての児童が第三期と第四期にみる内容を学習し、そして伊勢神宮に関して深い知識を内面化していったことを意味する。

小学五年生の子どもたちが使う『尋常小学国史』（一九二一年）は、日本史を神話から語りだす。『尋常小学国史』第一章の主題はやはり「天照大神」である。そこでは、天照大神が弟のスサノオの振る舞いに堪えかねて岩戸に身を隠す話、スサノオが出雲に追放される話、スサノオの息子大国主《おおくにぬし》が天照大神の子孫である代々の天皇に国を譲る話などが紹介されている。この神々は実存した人物として描かれ、『日本書紀』から抜粋したこれらの神話的エピソードは歴史的事実として語られている。結果、この神話は、小学生たちが生きていた大正時代の日本と直結される。「万世一系の天皇をいただきて、いつの世までも動きなきわが国体の基《もとい》は、実にこの時に定まったのである」というように。天照大神が孫の瓊瓊杵命《ににぎのみこと》に授けた鏡が「代々の天皇あいつたえて、皇位の御しるし」だともいう。そして、「御鏡を御神体として大神を」祀る伊勢神宮は、歴代天皇および国民が深く敬ってきたとする。

この『小学国史』は、昭和期の一九三四年と四〇年に改訂版が出た。後者の、国民学校が導入される前夜の改訂版では、かなり大きな変化がみられる。まず、巻頭に神の命令である「神《しん》勅《ちょく》」を掲げたことである。『日本書紀』からの引用であるこの神勅は、天照大神が「日本は自分の子孫が支配すべき国だ、瓊瓊杵尊よ、行って治めよ」と命じたという。文部省は教師に、

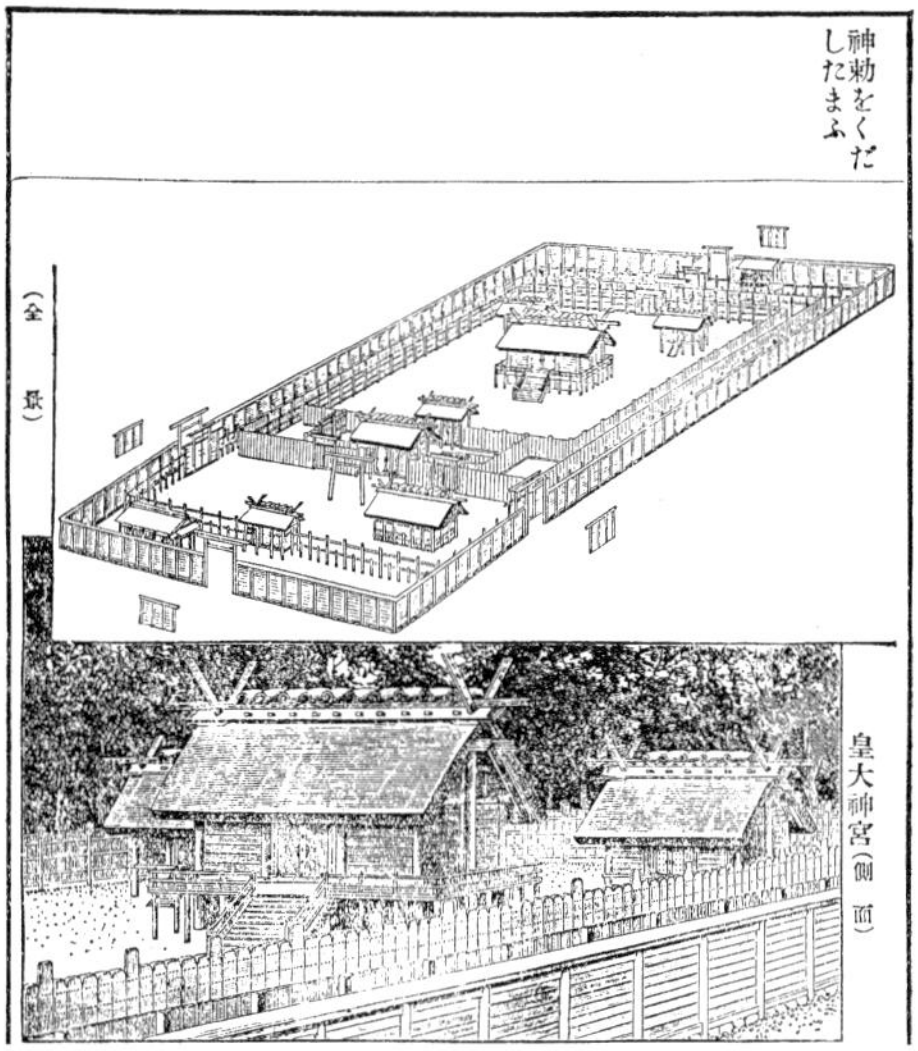

図20　皇大神宮　全景と側面
（『尋常小学国史』1927年）

この神勅をもって「国史が肇国《ちょうこく》の精神の顕現」だと教えよと指示する。今一つの改訂は、天照大神の「御聖徳」を強調したことにみえる。それはたとえば『小学国史』上巻「第1章　天照大神」の次のような文章に表れる。

大神は極めて御徳の高い御方で、初めて稲・麦などを田畑にお植えさせになり、蠶《かいこ》をおかわせになって、万民をおめぐみになった

『小学読本』で伊勢参拝を勧める

大正・昭和時代の小学五年生は、国語の授業でも伊勢神宮に出会う。『尋常小学読本』巻八第1課のテーマは「皇大神宮」である。神宮は代々の天皇が尊敬してきたが、国民も一生に一度は「伊勢に参拝せんと心がけざるものなし」とある。この『小学読本』は、天皇が伊勢を尊敬する事例として、祭日などに勅使を伊勢に派遣する事実や、日露戦争の終了後に天皇自らが参拝したことを紹介する。後者の、一九〇五年一一月の天皇参拝を「その御式の盛なること前古たぐいなかりき」という。

同じ巻八第2課は、伊勢参拝を取り上げる。「参宮日記の一節」がそれで、（想像上の）執筆者が宇治橋を渡って神苑に入り、そこで「戦利品たる大砲、日本海海戦の記念砲身塔」をみて「お宮」に向かっていく。その姿に小学生の読者がついていく。執筆者は日記で神宮の建築を詳細に描く一方、自らの感激を読者に伝える。執筆者は、明治天皇の書いた詩を思いうかべ、「わが国体のたうとさ、いよいよ身にしみておぼゆ」と締めくくる。親と子が宇治橋を渡る姿がみえる挿

図21　宇治橋と内宮（『尋常小学読本』1918年）

絵も載っている。この『小学読本』はのちに何度か改訂されるが、伊勢神宮は必ず登場する。

国史や国語で伊勢神宮を学習するのは小学校五年生だが、実はそれ以前に修身科でも学んでいる。一九一八年に改訂版が出た『尋常小学修身書』で確認しよう。三年生用の巻三にみえる「第十五　くわうだいじんぐう」（皇大神宮）は、石段の下から板垣御門を見上げた内宮の挿絵が目を引く。説明文は、「くわうだいじんぐうは天皇陛下のごせんぞ天照大神をおまつりもうしあげてあるおみや」だと前置きして、「われわれ日本人はこのおみやをうやまわなければなりません」とある。このことは「第二十七　よい日本人」で念を押すかのように、「よい日本人となるには、つねに天皇陛下・皇后陛下の御徳をあおぎ、又つねに皇大神宮をうやまって、ちゅうくんあいこく（忠君愛国）の心をおこさなければなりません」とある。四年生でも「第二三課　祝日大祭日」で、五年生は「第一課　我が国」で伊勢神宮と天照大神に言及があるが、伊勢神宮が最も細かに紹介されているのは六年生の「第一課　皇大神宮」である。特徴的なところを拾ってみよう。

図22　大正天皇の伊勢参拝（『尋常小学修身書』1918年）

天皇の神格化

まず、馬車に乗った大正天皇が、即位式直後に伊勢神宮を参拝した挿絵があり、天皇の伊勢との生きた関係が強調される。すなわち、天皇が皇族を神宮の祭主に任命することや、勅使を派遣すること、天皇が神嘗《かんなめ》祭のときに遥拝すること、式年遷宮を「深く大御心」にかけることが語られる。「神域」の描写も印象的である。内宮の神域は「いかにも神々しい処でひとたびこの処にはいると、誰でもおのずと心の底まで清らかになる」とあるが、これは実は小学生たちを伊勢へと誘致するねらいがある。この「第一課　皇大神宮」の結語には、皇室が伊勢神宮を「御尊崇」しているように国民も昔から厚く皇大神宮を敬い、一生に一度は必ず参拝しなければならないことにしています、という。これまでの「尊敬しなければいけない」が、「参拝しなければならない」に変わったのである。伊勢への修学旅行がこのころから本格化するのは、偶然ではあるまい。

この修身科の国定教科書が一九三四年に改訂されたとき、重要な進化が一つあった。これまで天照大神を天皇の祖先神としてきたが、これからは天皇自身を神として位置づけなおすのである。「我等国民が神と仰《あお》ぎ奉《たてまつ》る天皇は、天照大神の御裔《みすえ》」だといい、その天皇が民を愛することを「太陽があまねく万物を照らす」とたとえる。その事実こそ、我が国の「成立《なりた》ち」が「世界に比類のない」ことを表しているという。修身科の教科書は、国民学校制度が導入される前年の一九四〇年に再び改訂されるが、伊勢神宮の記述に関しては終戦まで大きな変化はない。

では次に、大正・昭和時代の伊勢神宮が自らをどう語っていたのかをみていくが、そのためには一旦明治時代にさかのぼる必要がある。

伊勢神宮の広報

神宮教、神宮奉賛会の成立

すでに触れたが、田中頼庸《よりつね》は一八八二年（明治一五）に神宮大宮司を辞任して、神宮教を創立した。その神宮教は、宣教や大麻の頒布など神宮の広報に関わる活動を、すべて担当することとなった。しかし神宮教の寿命は短く、はやくも一八九九年に解散した。その後に財団法人神宮奉斎会《ほうさいかい》という組織が設立され、伊勢神宮の広報活動を引き継ぐことになる。終戦まで活動をつづけたこの神宮奉斎会は極めて興味深い組織で、その設立時の状況についてまず述べたい。

一八九九年、外国人が自由に日本国内に居住できるようになった。この新しい事態で、政府はキリスト教が全国に浸透し、天皇の祖先なる天照大神がまたも宗教的な論争に巻き込まれることを危惧していた。その事態を防ぐため、政府は制度上の改革を実施した。これまでは神社も寺院も同じ内務省社寺局で管轄していたが、一九〇〇年に社寺局を解体し、神社局と宗教局を設置した。神社局は神社を、宗教局は仏教、キリスト教、新興宗教などを担当する。伊勢神宮をはじめとする神社は、制度の上では宗教と区分けされた。神宮はキリスト教などの「宗教」と次元が異なるため、宗教論争に巻き込まれる危険性が避けられるという計算であった。この神社局の設置をもって「国家神道」の時代が開幕したという説もある。こうした新しい状況の中で宗教でない神宮が宗教なる神宮教と関係を持ち、しかもその神宮教が大麻の頒布を委託されるのは明確な矛盾であった。神宮教が解散させられた理由はここにあり、宗教と一切の関係を神宮に持たせないのが目的であった。

以上が神宮教が解散し、神宮奉斎会が設立された経緯である。前者は宗教団体で後者は財団法人だが、奉斎会は神宮教とほぼ同じ人材を擁してほぼ同じ活動を継続する、実にユニークな組織であった。神宮教管長の藤岡好古《よしふる》は、そのまま奉斎会の会長に、また神宮教の京都本部長篠田時《しのだとき》雄《お》は奉斎会京都本部長兼理事に、そして神宮教高知本部長の山内豊章《とよあき》は、奉斎会高知本部長兼理事になった。このように、神宮教の指導層がそのまま奉斎会のトップを占め、神宮教が持っていた土地や施設も名称を改めて奉斎会のものとなった。宇治にあった神宮教院が奉斎会大本部に、東京の大神宮祠が奉斎会の「本院」へと生まれ変わった。神宮教が都道府県に設置していた教会も、そのまま奉斎会地方本部に変身した。

奉賛会の広報活動

政府は、この「宗教でない」神宮奉斎会の活動に大きな期待をかけていたようだ。東京で開催された奉斎会設立祝賀会に、宮内大臣、賞典長、内閣書記官長、内務大臣代理などの要人が出席したことがそれを裏付けている。最も期待したのは神宮教から引き受けた神宮大麻の頒布だったが、一〇年ほど経った一九一二年には、大麻の製造と頒布の責任は奉斎会の手を離れて再び伊勢神宮に戻り、神宮司庁内の神部署《かんべしょ》が責任機関となった。奉斎会のもとでは、大麻の頒布は順調だったようだが、一法人が頒布を担当することや、その法人が頒布から多大な収入を得ていたことが帝国議会などで問題となっていた。神部署は同年から全国に支部署を設置していくが、その体制は振るうことがなかったようで、二六年には支部署を廃止して製造のみを継続し、頒布の責任を全国神職会に全面的に譲った。それからは、神職が神社を拠点に大麻を配ることになる。

神宮奉斎会はその後も伊勢神宮のための広報活動を継続していった。東京の奉斎会本院は「奉斎所」を設け、そこで「神宮並びに奉拝のために祭儀を行」った。この奉斎所は宗教施設でもなく非宗教的神社でもない、独特な空間であった。そこで執り行っていた「祭儀」の詳細は分からないが、宗教的な儀礼とも非宗教的な神社の儀礼とも異なる、独自のものだった。そしてこの独自の祭儀を歳旦祭、元始祭、祈年祭、新嘗祭、神嘗祭、月次祭などの伊勢神宮の大祭に合わせて執行した。奉斎会はさらに「宗教的説教でない」講演も行っていた。一九二〇年代後半から盛んに実施し、中央から地方本部に講師を派遣することがたびたびあった。テーマは、「皇祖の遺訓」「皇上の詔勅」「勅諭」「古典の要文」などであった。奉斎会はほかに広報パンフレットの『教林』『祖国』『養徳』『光華』も刊行して配布していた（岡田米男編『東京大神宮沿革史』）。

神宮大麻の頒布

神宮大麻が広報のための優れた装置であったことは統計が示している（表2）。奉斎会が大麻を担当していた一九〇〇年前後は、年間三五〇万体が全国に配布されたが、一九一〇年代になるとその数は年間四八〇万体にのぼった。以上は神部署が担当する時代だったが、全国神職会が頒布に関わった二六年からはその数が激増しだす。二〇年代後半は六〇〇万体、三〇年代後半は一〇〇〇万体に達し、四〇年代になっても増加の勢いは止まらない。四五年の一四〇〇万体は、当時の全国世帯数とほぼ同数である。この大麻頒布には、重要な経済面もあったことを見逃してはいけない。二〇年代でみると「大大麻」は金五〇銭で、通常の大麻は金一〇銭のいわば初穂料がかかったが、頒布する神職には、前者の場合金二〇銭、後者は金四銭の頒布費が払われた。初穂料の残額は伊勢神宮の社入金となった。

このように、大麻の需要が増していくのはもちろん全国神職会の努力に負うところは多大だったが、二九年に式年遷宮が盛大に行われたことや、日中戦争・太平洋戦争など国家的危機が相次いだことも大麻の頒布に拍車をかけたと思われる。しかし、この統計では分からないことも多い。神宮大麻は、頒布先の家々ではどのように扱われたのか、はたして神宮が期待したように神棚に

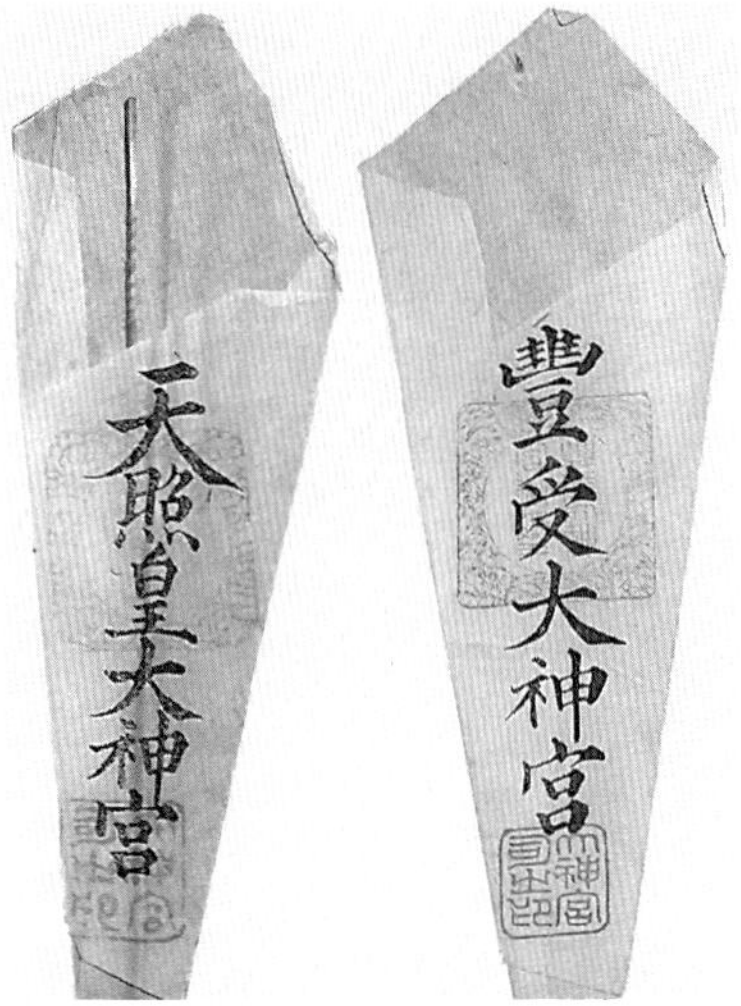

図23　近代の神宮大麻（左：内宮，右：外宮）（飯田良樹蔵）

表2　20世紀の前半の大麻頒布

年次	神宮大麻頒布(体数)	時代背景
1910	350万	
1912	400万	大正時代が始まる
1926	600万前後	昭和時代が始まる
1935	700万	
1937	800万	日中戦争が始まる
1938	900万	
1939	1,000万	第2次世界大戦が始まる
1941	1,100万	太平洋戦争が始まる
1942	1,200万	
1943	1,300万	戦局の悪化
1945	1,400万	終戦

出典　『神宮・明治百年史』下，364頁の統計より作成.

設置され、礼拝の対象となったのかどうかなどは分からない。また統計は、大麻の拝受を拒否した事例については語ってくれない。

明治時代がそうであったように、大正・昭和時代にも神宮大麻の拒否や頒布妨害は広範囲で発生していた。『神宮大麻と国民精神の機微』（一松又治、社会神道学研究会、一九二〇年）でみると、二〇年前後には、京都、福井、長崎、新潟、岐阜、山形、広島、鹿児島などの地域で、特に仏教信者による「殆ど強制的」頒布への反抗が注目を浴びていた。広島は最も事態が深刻で、「大麻の拝受割合千戸に対して〇・一七体あるのみ」という有様だった。浄土真宗側は、大麻への抵抗を次のように弁解していた。すなわち、大麻を受けるかどうかは明治初年から日本人の自由で、国がそれを保証したはずである。そして「大麻が御神体ならば、何ぞ毎年、毎年拝受せしむるの必要あらんや」という。去年頒布された神は、今年の反古というのか、「神を年々反古とするは、不敬の至」りではないのか、と。大麻は御神体でないというなら、はたして何ものか、と訴える。御守か、それとも悪魔をはらう「御祓《はらえ》」か。どちらの場合でも、親鸞《しんらん》が禁止した「現世祈禱《げんせきとう》」に当たる。「真宗側が受けないのは、当然だ」と締めくくる（薬師寺晃照『真宗二諦妙旨談』興教書院、一九一六年）。

真宗側が大麻の性格を吟味しているのが面白い。大麻が天照大神の神体なのか、それともただのお祓いなのかは明治初年からの未解決の問題であった。一九四〇年に神職を管理する内務省神社局が廃止され、神祇院《じんぎいん》が独立した官衙として成立したが、この神祇院では神宮大麻の意味を明確にしようと試みた。一九四一年には、次のような立場を示した。

神宮大麻は、国民各自がその家庭において一年中を通じて朝夕神宮を拝し奉り、また神饌《しんせん》を供えて、奉斎の誠《まこと》を尽くす対象としての尊い「ひもろぎ」である。大麻はいいかえれば御榊《さかき》であり、天照皇大神の大御稜威《おおみいつ》の顕現《けんげん》である（著者不明『神宮大麻の奉斎について』一九四一年）。要するに大麻は拝礼の対象で、天照大神が宿るもの（＝ひもろぎ）である、という。

いずれにせよ、神宮大麻はこうした根源的な問題を抱え、また仏教などの抵抗と格闘しながら、大正と昭和時代の日本に広まっていった。その過程において、伊勢神宮と天照大神の存在が国民の中でますます大きなものとなっていったのである。

伊勢の参拝空間

参拝者の復活

大正・昭和時代の国民と伊勢神宮を考えるときに、参拝者の統計に目を向ける必要がある。式年遷宮が行われた一九二九年（昭和四）には、二〇〇万人が伊勢神宮を参拝したと思われる。前年の一五〇万人に比して大きな飛躍である。日本が中国大陸で全面戦争を展開した三七年の翌年には参拝者数が三〇〇万人に激増したが、四一年に太平洋戦争が始まると、さらに年間四〇〇万人を突破した。式年遷宮のような国民儀礼、戦争という国家的危機が多くの人々を伊勢へと向かわせたことは明らかである。誘導装置としてさらに影響していたと思われるものは、これまでみてきた新聞の言説、学校における伊勢神宮の教育、伊勢神宮と全国の神職による大麻頒布がもちろんあった。

参拝者の統計についてひとこと触れる必要がある。この統計は、伊勢神宮の「警衛課統計表」

（『神宮・明治百年史』下）をもとにしたものだが、注目すべき特徴は二、三ある。まず、天皇の祖先神が祀られている内宮よりも外宮を参拝する人々の数が毎年多かったことである。これは、あとにみるように戦後の一九五〇年代まで続く注目すべき傾向である。たとえば、一九二九年には外宮参拝者数が二〇八万人だったのに対し、内宮はそれを大きく下回る一七六万人。太平洋戦争が始まる翌年の四二年でも、外宮は四三〇万人で、内宮はそれより少ない三四八万人。この現象は、おそらく利便性で説明できるだろう。外宮の方が内宮よりも交通の便がよかったのである。

伊勢神宮の統計の今一つの特徴は、神宮が出す「合計」にみえる。神宮は外宮の参拝者と内宮の参拝者を別々に集計するが、それらを足して合計を割り出す方法をとった。多くの参拝者が外宮も内宮も参拝するので、神宮の合計は同じ人々を二回数えることもある。ここでは、参拝者の数が一貫して多い外宮の数字を用いることとした。なお、この数は『宇治山田商工会議所統計年報』にみる山田駅、参急宇治山田駅、参急山田駅、参急外宮前駅で降りた人々の数字とさほど変わらないので、比較的信憑性の高いものだと思われる。

いずれにせよ、昭和になると参拝者が増えるだけでなく、新しい参拝傾向が現れる。たとえば『伊勢参宮要覧』（一九二九年）によれば、新婚夫婦の参拝が流行りだす。昔から、夫婦が揃って伊勢参りをすると夫婦の間に不祥事が起きるとタブー視されていたが、大正天皇と昭和天皇が皇太子時代に、妃とともに伊勢に御成婚を報告した。それが新婚夫婦の一般的な先例となった。さらに家族の参拝姿も目立つようになった。『要覧』によると、家族の「和合円満のニコニコ一対、水入らずの一小隊が続々と神宮参拝の晴れの道を」行き来する。その現象が「殊の外著し」い、という。

団体参拝もブームになっていた。都会と地方の会社や工場、なかでも多数の従業員を擁する鉄道や船の会社などが、団体で「慎《つつ》ましやかに勢揃いして」伊勢を参拝する。『要覧』は、従業員の「慰安、行楽」が参拝目的の一つだが、それ以上の素晴らしい効果が必ず出る、という。団体のメンバーは、参拝後は別人のように「熱心真摯《しんし》の態度を加えて、極めて円満に且《か》つ忠実に勤務」するようになる。「例の忌《い》まわしき労働争議だとか、またはストライキなどは決して起こらない」と参拝のメリットを主張する。

修学旅行参拝

『要覧』が新しいタイプの参拝として最後に紹介するのは、修学旅行である。

彼の可憐《かれん》なる小学校生徒、または中学校、高等女学校、各専門学校ならびに在郷《ざいごう》軍人、青年団等が毎年春秋二期には、各府県から職員に引率されて、神宮参拝を為すことが近来益々《ますます》盛ん

という。修学旅行は大正から昭和にかけての一大特徴でもあったので、少し説明を加えたい。国民は一生に一度は「伊勢に参拝せんと心がけざるものなし」といい、「われわれ日本人はこのおみやをうやまわなければなりません」と訴えたのは一九一八年（大正七）の教科書であるが、そ

の直後から修学旅行が本格的にはじまり、統計は取られている。全国的な事情を把握するのは困難だが、最もはやく動き出したのは大阪市らしい。帯谷伝三郎《おびたにでんざぶろう》という一篤志家が大きな存在であった。

帯谷は自分の子どもが通っている小学校の児童六〇〇人が伊勢に行けるよう、旅費を私費で負担した。一九一八年のことである。彼は翌年に大阪府知事、大阪市長、四区長、府市会各議員など二〇〇名ほどを伊勢に招待してともに参拝し、「児童卒業記念神宮参拝」の必要性を説いた。帯谷の議論はこうだった。卒業前に必ず伊勢参拝ができることを児童の脳裏に入れておくと、児童は入学以来六年の間常に楽しみにする。その結果、「神宮に参拝したる暁《あかつき》、しみじみと敬神的の大なる感激を享受《きょうじゅ》するはいうまでもなく、必ず精神教育上の効果頗《すこぶ》る大なるを信ずる」と主張した。帯谷の説得は功を奏し、大阪全市の児童二万五〇〇〇人が区費によって参拝したのは、一九二一年であった。帯谷は翌年、児童参拝用に臨時列車を編成するよう鉄道省に要請し、旅館の予約や土産物の値段設定、休憩設備の確保などすべて自ら手配をした。彼はそのほか宇治山田市に神都林間学舎を造り、のちに触れる如雪園《じょせつえん》も内宮近くに開墾したのである（帯谷伝三郎『敬神崇祖愛國の精神涵養に関する私見並びに事歴乃大要』）。

帯谷が自負したように、はたして「模範を全国に」示したかどうか判然としないが、一九二〇年には二七万人の児童が伊勢を参拝した。その多くは中部・近畿地方からだったが、それから一〇年後には、その数が倍増する。

遠路東京からの修学旅行

一九二〇年代後半になると、東京など遠方から参拝する児童も多くなる。東京の場合は、篤志家ではなく、東京府連合教育会が修学旅行を実施する主役となった。同教育会は、たとえば二七年に、児童の「敬神崇祖の念を涵養《かんよう》する」には「伊勢神宮、桃山御陵、多摩御陵を参拝せしむる」のが最も効果的だと結論づけた。桃山御陵は明治天皇の、多摩御陵は大正天皇の陵である。同年東京から伊勢を参拝した児童は六〇〇〇人。二九年にも、同教育会は「伊勢神宮参拝、御陵参拝等」が児童の教育上不可欠だと改めて確認した。旅費の負担が重すぎるという苦情が一部に上がったものの、一九三〇年代に入ると東京府からは二万人近くの小学生が伊勢への修学旅行に参加した。一〇年後にはその数が一〇万人を超えていた（橋本萌「一九三〇年代東京府（東京市）小学校の伊勢参宮旅行」）。

東京からの修学旅行に拍車をかけたのは、一九三五年（昭和一〇）の国体明徴《めいちょう》声明だったと思われる。この著名な声明は政府が軍部と右翼諸団体に屈服して出したもので、天皇を立憲君主ではなく、時間と空間を超越した聖なる君主として確認するものだった。そのように天皇を権威づけるのは、天照大神を祀る伊勢神宮にほかならない。政府が児童の伊勢への修学旅行をいっそう望むのは至極当然であった。

東京の教育界はこの状況にあわせて「汽車乗車賃金の最大割引を実行せられんことを」政府に

願った。似たような運賃割引請求運動は、このころほぼ全国的に広まっていく。鉄道大臣の内田信也も、「小学校卒業生　悉《ことごと》く伊勢神宮に参拝させて我が国体の有り難さを監督させることが必要だ」といい、「無賃」輸送計画を立案した。実現不可能な案だったが、鉄道省は三七年に「神宮参拝取扱方」を出し、「総《すべ》て小学校児童が団体で伊勢参宮をする場合には、その二割の人員を無賃として取扱う」という方針を打ち出した。伊勢へ修学旅行に行った東京府の児童数は、同年には六万五〇〇〇人だったが、四〇年までに七万八〇〇〇人にのぼった（橋本萌「一九三〇年代東京府（東京市）小学校の伊勢参宮旅行」）。ちょうどそのころ、全国から伊勢を参拝した児童の通算が一〇〇〇万人という新記録を出した。三七年、参拝者の四人に一人が児童だったといわれている。

宇治山田への旅

明治末期までには、関西鉄道と参宮鉄道が大阪、京都、名古屋からの直通列車を山田駅まで走らせていた。この二つの鉄道会社は一九〇七年（明治四〇）に国有化されて国鉄となり、その後さらに山田から海岸観光地の二見浦《ふたみがうら》、そして鳥羽へと路線を開通させた。国鉄は、一九一八年に東京―山田の夜行列車の運行を開始し、のちに寝台車も連結して鳥羽まで走らせた。

だがこの国鉄よりも、私鉄の活躍ぶりが目覚ましかった。一九二六年に伊勢電気鉄道（伊勢電）が、翌年に参宮急行電鉄（参急）が、それぞれ二九年の式年遷宮を見込んで設立された。伊勢電は岐阜と北陸の参拝客をねらい、三〇年に三重の桑名―大神宮前間の特急「はつみ」と「かみぢ」を走らせた。大神宮前駅は、伊勢電が外宮の社前につくった新しいターミナル駅だった。一方の参急は、西方面つまり大阪と神戸あたりの参拝客にねらいをつけ、大阪の上本町《うえほんまち》—宇治山田間の路線を敷設し、三〇年に開通した。この路線を走る「超特急の急行車」は八人室や四人室といった家族や団体向けの車両が売り物で、しかも国鉄で三時間一〇分かかる大阪—伊勢の旅を、わずか二時間一分で走った。参急は一九三六年に伊勢電を合併し、その後、特に初詣の参拝客をめぐって国鉄と激しい競争を展開し、割引券や昼食券、そしてお土産引換券などを提供して客を奪い合った。

宇治山田市内の交通網も、明治末期からかなりの発達をみた。宮川電軌が敷設した路面電車路線は、すでに外宮—倉田山—内宮—二見浦へと開通していた。一九二五年にはさらに朝熊《あさま》山の麓まで繋がり、そこで「東洋第一、世界第二最急勾配」の朝熊山ケーブルカーと接続した。そして式年遷宮直後の三一年からは、山田を起点にしたバスの交通網も充実していき、宇治山田市内の名所めぐりも安く便利にできるようになっていた。

伊勢の参拝経験

参拝者は、大神宮前駅か山田駅で降りる。山田駅前には、もとは津市にあった三重県商品陳列所が建っていた。参拝者は三重県の特産物をみて外宮におもむく。その後、外宮から路面電車やバスに乗って御幸《みゆき》道路経由で倉田山に立ち寄る。

倉田山には、徴古館《ちょうこかん》・農業館のみでなく、倭姫宮《やまとひめのみや》という神社が新しく建っていた。倭姫は、

図24　朝熊山ケーブルカー

天照大神を奉戴して諸国をめぐって伊勢国にたどり着き、五十鈴川のほとりで伊勢神宮を創立したとされる伝説的な存在で、この倭姫を祀る倭姫宮は一九二三年（大正一二）に創建された。次いで参拝者は、路面電車やバスあるいは徒歩で御幸道路を内宮まで行く。

　内宮前の空間も一九二〇年から多少変わり、如雪園が新しくできた。如雪園は帯谷伝三郎が一九二〇年につくった、毎年十数万人の参拝者に安らぎを与える「無料休憩所」であった。さらに、「宇治橋公園」という二万五〇〇〇平方メートルの公園も造られていた。宇治橋前に建っていた民家数十戸が取り払われて造園されたものだが、そこには一〇〇〇人もの収容が可能な休憩所もあった。

　一九二〇年代からの参宮案内書は、必ずといってよいくらい外宮―古市―内宮の旧街道コースも紹介する（『参宮の栞』一九二九年、『伊勢参宮』一九三〇年）。急勾配で有名だった旧街道は、二〇年代に切り下げ工事が行われ、道路も拡張されてバスが多少通りやすくなっていた。三〇年代の古市遊廓は「今は昔の如くではありませんが、その面影をとどめて」いたようだ（『神都』一九三二年)。いったんは廃業したが間もなく再興した備前屋や杉本屋は相当繁盛しており、伊勢音頭など音曲も演じられていた。三二年には九軒の妓楼《ぎろう》も残っていた。旅館では、当時老舗の両口屋が参拝者に「古市情緒」を提供し、五十二会ホテルは、特に学生団体を歓迎し、大安も一九三〇年代は相当繁昌していた。ただ、このころの古市は、宇治山田全体の宿泊者の二〇%前後しか集客できていない。多くの宿泊者は、むしろ山田駅前に聳える宇仁館《うにたち》とか高千穂館《たかちほ》など大型旅館に泊まっていた。また、開発が次々進んでいた二見浦や鳥羽が人気の宿泊先であった。

二見浦と鳥羽が参拝者を吸引していたことは事実である。交通の便がよくなり、相当安い運賃で海岸へ行くことが可能となっていた。外宮・内宮参拝―朝熊山参詣―二見浦遊覧のコースは、電車、朝熊山ケーブル、山上バス込みで一円五〇銭の所要時間五時間四〇分。鳥羽の日和山《ひより》まで足を伸ばすコースの一例として外宮参拝―内宮参拝―二見浦遊覧―日和山登山が五時間四〇分で、バスと汽車を使って一円二銭。バス、電車、汽車のほかにハイヤーも利用可能となっていた。五人乗り一台六円で、外宮、内宮、倭姫宮、徴古館、二見浦遊覧がわずか三時間でできるようにもなっていた(『お伊勢まいりの栞』一九二六年)。

「大神都聖地計画」の実現へ

宇治山田市への交通も市内の交通も便利になっていく一方だが、右にみた神《しん》苑会《えんかい》の解散後は、宇治山田市はさほど開発されていない。しかし、式年遷宮直前の一九二九年春から、宇治山田市を抜本的に変身させるプランが生まれていた。それは宇治山田市を「大神都」あるいは「大神都聖地」にするものであった。市長の福《ふく》地由廉《ちよしゆき》は、同年四月に市是《しぜ》調査会を立ち上げ、「大神都建設に関すること」を審議した。調査会は一年間にわたる審議の結果、「大神都聖地計画案」を作成して、『伊勢新聞』などの紙面に紹介した。それによると、内宮・外宮にもっと充実した「外苑」を開拓し、倉田山に競技場や武徳殿を設置、さらに休憩施設、青年会館、教育会館、美術館を建設するとともに、市全体についてはは道路網をさらに整備して、風致地区と美観地区を適用し、「健全な花街の発展」もはかる。また上下水道の設備を完成する、というものであった。

これは、一世代前に太田小三郎《おおたこさぶろう》が神苑会で企画したプランを彷彿させるところがある。福地市長が、わざわざ計画案で神苑会の「丹精」とその「一大貢献」を賞讃しているのも自然だろう。福地の計画案は、神苑会のような民間事業ではなく、国営事業として中央政府に請け負ってほしいとの考えだった。福地は「大神都聖地」構想を総理大臣斎藤実《まこと》、内務大臣山本達雄などに披露するため、一九三三年二月に東京へ向かった。彼は、二〇〇〇年来皇室と国民の崇敬を集めている「全国無二の霊地」宇治山田市を、「全世界に誇るべき大日本の一大聖地」としたいと政府の要人に訴えた。これこそ「現下の国情に照らし、最も有意義且つ緊切の事」であり、政府に一〇年をかけてこの計画を実現に導いてほしい、という。福地の働きかけは大いに功を奏し、斎藤首相自身は「本案の精神には御同感」と意見を述べた。これを受けて計画案は貴衆両院で審議され、可決された（『伊勢市史』第四巻）。

神都の実現に向けて

政府が「大神都聖地」実行への第一歩を踏み出したのは、それから三年後の一九三六年（昭和一一）二月。宇治山田市を風致地区に指定したことがそれである。「宇治山田市は、畏《かしこ》くも皇大神宮鎮座の聖地として全国民崇敬の的」だが、「神都たるの特性」を発揮させるには、風致地区の指定が必要だという。風致地区とは、基本的に「都市の内外の自然美を維持し、これを保護せんことを期した」もので、宇治山田の場合は、宇治、山田、倉田山、宮川、二見浦、朝熊山など二九ヵ所四〇〇〇〓《ヘクタール》の地域が指定を受けた。のちには、宇治山田市の建築物の高さやその外壁色などを規制した「古典神都の美化保全」を進めるため、美化地区も指定された。

これらの動きと相前後して、当時の内務大臣は同年秋に「神宮関係施設調査会」を立ち上げ、メンバーに宇治山田市長、神宮大宮司、三重県知事のほか、内務、大蔵、宮内、鉄道、各省次官を入れた。彼らは二年ほど審議を重ねた末、「神宮関係施設要綱」なるものを作成した。「要綱」は六項目からなり、一九四〇年の「神宮関係特別都市計画法」公布へと繋がる。この「特別都市計画法」では、次回の式年遷宮（一九四九年予定）までの期間を第一期とし、一八〇〇万円の予算を確保した。次の第二期は第一期より規模が小さく、一二〇〇万円で予算化された。

この「特別都市計画法」は大神都聖地構想と多少異なる側面もあったが、宇治山田市を大きく変貌させることを目指す。まず外宮近辺で大幅な拡張工事を行い、市街地を二〇〇㍍程度後退させる。外宮に近い国鉄山田駅も神域の尊厳さを保つため五〇〇㍍ほど後方に移転させ、駅前広場を広く確保し整備する。外宮からの御幸道路を拡幅して改修した上、両側に緑樹帯を設ける。御幸道路の外にも、外宮から内宮へ繋がる別の道路を新設する。倉田山については、福地市長が計画に盛り込んだ競技場、武徳殿、教育会館、美術館内などは省かれていくが、徴古館の大幅な増改築を行う。内宮近辺では、参宮街道をまたぐおはらい町を内宮から二〇〇㍍後退させ、宇治橋前あたりの場所をより広く取って整理する。五十鈴川が氾濫してもおはらい町が冠水しないよう、宇治橋付近で大幅な改修工事を行う。五十鈴川上流でも、水源砂防工事を施し、水源涵養の機能を高める。さらに、宇治町下水幹線を敷設する。この「神宮関係特別都市計画法」は、およそ以上のような内容であった（越沢明「神都計画」）。

宇治山田市長は、一九四一年三月に平沼騏一郎《きいちろう》内務大臣を伊勢に迎え、起工祭を行った。その直後から水源涵養の施設工事が開始された。しかし、である。日本は、同年末に米国、英国に対し宣戦布告をした。それに次ぐ総力戦の下では、「特別都市計画法」の実施がますます困難になっていく。戦局が悪化してくると、なおさらのことである。総力戦中の四三年に五十鈴川の改修工事の開始が決定となったが、翌年「特別都市計画法」そのものが放棄されることになった。宇治山田市だけでなく、中央政府までが大きな期待をかけていたこの企画は、これといった実績もあげずに終わった。「神宮関係特別都市計画法」を実現不可能にしたのは戦争である。戦争が宇治山田に及ぼした影響は甚大であった。

伊勢と戦争

大正・昭和期の参拝者の誰もが、宇治橋の中央から左方の神苑木立の間から見かけたに違いない砲身塔《ほうしんとう》。これは、連合艦隊司令長官の東郷平八郎《とうごうへいはちろう》が日露戦争後に伊勢神宮に献納した戦利品であった。その下あたりに、ロシア軍艦の砲弾も展示してあった。宇治橋を渡って右へ曲がり、神苑中央参道を進むと、今度は日清戦争の戦利品が参拝者の目にとまる。大砲と野砲と小銃である。その付近に立つのは、日露戦争の記念砲とカノン二基のロシア軍戦利品。いずれも陸軍大臣が伊勢神宮に献納している（『神都』一九三二年）。

伊勢神宮は、明治末期から戦争と深い関係を持っていた。国家の神社が国家の行う戦争と関係があるのは、当然というべきだろう。その関係は必勝祈願などを行う天皇や天皇が派遣する勅使、そして軍人の参拝する姿にもみえた。明治期でも、日清戦争や日露戦争が勃発するや、天皇は勅使を伊勢に派遣し、開戦報告祭を行わせた。日露戦争に勝利すると、天皇が伊勢に行幸して、「平和克服御報告」を自ら行った。東郷平八郎も伊勢神宮で凱旋報告をした。大正時代の第一次世界大戦（一九一四〜一八年）、シベリア出兵（一九一八〜二二年）をへて、昭和に入ると、伊勢神宮の戦争との関係は必然的に深まっていく。

一九三七年七月に盧溝橋《ろこうきょう》事件が起きるや、勅使は事件の発生を神宮に「報告」する。翌年か

図25　内宮神苑戦利品

らは報告が「皇軍武運長久国威宣揚《せんよう》」の祈願へと変わった。このときより神宮は、基本的に、正月の歳旦祭、二月の紀元節祭、一〇月の神嘗祭の祝詞や祭文に戦勝の祈りを込めている。四一年一二月の宣戦布告の際に戦勝を天照大神に祈ったのは勅使であったが、翌年一二月となれば軍服姿の昭和天皇自身が伊勢に行幸して祈願を行っている。東条英機総理大臣は当時、天皇の戦時中の伊勢行幸は「全く有史以来未だ嘗《かつ》て之あらざる御事」だと感激する。天皇は「速やかに征戦の目的を達成、東亜の安定を確立、世界の平和と文化に寄与」できるように「深く深く御祈禱あらせられた」(『朝日新聞』一九四二年一二月一四日朝刊一面)。日本海軍は四二年六月のミッドウェー海戦に引き続き一一月にソロモン海戦で敗北し、戦局は大きな転換期を迎えていた。そのような中、この天皇の一二月参拝は急遽企画されたようだが、この伊勢行幸は、政府の極端なまでの危機感を示している。

翌四三・四四年の一二月には、伊勢神宮で「必勝祈願祭」が行われたが、戦争そのものが伊勢を襲うのは、まだ先のことであった。四四年夏にマリアナ諸島が陥落してアメリカ空軍が基地を新設すると、B29爆撃機の本土への空襲が可能になった。B29が宇治山田の上空を初めて飛行したのは、四五年一月九日。その一週間後、初めて爆弾が投下された。神宮には被害はなく、負傷者もなかったが、恐怖感は宇治山田に充満していた。二月に倉田山に爆弾が投下されたが、ダメージは少なかった。このころからほぼ毎日のように空襲警報が宇治山田で鳴り響き、B29などの爆撃機が頻繁に上空を飛行する。宇治山田はまだ無傷であったが、事情が変わるのは、六月からである（杉谷房雄「大東亜戦争戦中戦後の神宮」）。

戦　災　まず、宇治山田の神戸製鋼工場が焼《しょう》夷《い》弾《だん》攻撃を蒙った。次に、七月二九日の夜中から一〇〇〇個近くの焼夷弾が市内に投下されたが、内宮にも外宮にも命中せず、神宮自体に被害はなかった。ある目撃者は、これを奇跡のように思い、「神威赫々《かっかく》誠に感涙に咽《むせ》んだ次第」だと日記に書いたが、B29は内宮・外宮を意図的に避けていた可能性もある。いずれにせよ、この日の攻撃で宇治山田全戸数の六分の一に相当する五七二九戸が焼失し、死者二二人、負傷者四九人がでた。倉田山の徴古館は本館も倉庫も全焼し、宇治工作所も爆撃された。

次回の式年遷宮に備えて乾燥していた材木も多く失われた。これらのニュースに接した昭和天皇は、「伊勢と熱田の神器は結局自分の身近に御移してお守りするのが一番よいと思う。（中略）万一の場合には、自分が御守りして、運命を共にする外ないと思う」（『木戸幸一日記』一九四五年七月二五日条）という覚悟さえあったが、宇治山田市はこれ以上の爆撃を受けずに終戦を迎えた。

天皇と伊勢の終戦

天皇は、八月一五日に有名な「玉音放送」を行い、日本の降伏を国民に伝えた。伊勢神宮の神職は、それを「嗚咽《おえつ》のうちに拝聴した」が、「余等は全くこの日まで敗戦になるとは夢にも考えなかった」と、ある神職は日記に書いている。

天皇は九月に勅使を伊勢に派遣し、終戦を天照大神に報告させたが、これは伊勢の戦後が開幕する日であった。新しい時代に備えて神職がまず着手したのは、神苑内の戦利品の処分である。戦利品の存在は、皇室と神宮による戦争賛美の姿をさらけ出すものと考えたと思われる。神宮は東京の神祇院《じんぎいん》と合議した結果、内宮表参道両側の戦利品を片付けて「付近へ穴埋め」し、そのほかは「通路を止め参拝人の目にふれざるよう」にした。しかし、いったん地中に埋めた大砲などは、その後また掘り出され、全部焼き切り鉄屑として搬出されることとなった。伊勢神宮は、こうして平和的な戦後へと第一歩を踏み出した（杉谷房雄「大東亜戦争戦中戦後の神宮」）。

第二歩は、昭和天皇による伊勢行幸であった。天皇は、一〇月に伊勢を参拝したいと内大臣の木戸幸一に希望を伝えた。「陛下の思し召は真に純真に祖宗《そそう》に対し御詫びがなさりたいという御気持」だと木戸は解釈した（『木戸幸一関係文書』一九四五年一〇月一一日条）。連合国軍総司令部は天皇の伊勢参拝を歓迎したようで、「少しも差支なく、司令部としてはできるだけの警護をする」との立場を取った。天皇による「お詫びの参拝」は、一一月一三日に実現した。『朝日新聞』(一九四五年一一月一四日朝刊)は、天皇が天照大神に読み上げた告文の内容に触れ、「新平和日本建設への御決意を述べさせられて、厚き御加護を御祈願あらせられた」とある。天皇は後になって側近の木下道雄《きのしたみちお》に戦争と伊勢神宮について語り、次のように述べた。戦争後半に天気が非常に悪かったのは、伊勢神宮の「御援《たす》け」がなかったためだろう、「神宮は軍の神にはあらず、平和の神なり。しかるに、戦勝祈願をしたり何かしたので御怒りなったのではないか」(『側近日誌』一九四六年一月一三日条)と。

戦後日本と伊勢神宮

終戦の危機と式年遷宮――一九五三年

伊勢神宮は、敗戦とともに大きな転換期を迎えた。明治維新のそれに劣らないものだったのかもしれない。伊勢神宮の国家との関係、国民との関係、そして天皇との関係は、いずれも大きく動揺することとなった。

国家の護持を離れて

日本において占領政策を実施した連合国軍の総司令部は、一九四五年（昭和二〇）一二月一五日にいわゆる「神道指令」を公布した。この指令は「国家神道」を解体する目的を持ち、伊勢神宮の戦後の運命を方向づけた。指令は、伊勢神宮に私的宗教法人という全く新たな法的地位を押しつけ、一九世紀なかばから伊勢神宮が有していた国家との特別な関係を打ち切った。

一九四七年五月に施行された日本国憲法は、第二〇条において「何人に対しても」信教の自由を保証し、政教分離の原則をもうけ、いかなる宗教団体とも特権的関係を持ってはならないことが定められた。国は宗教教育、宗教的活動を行ってはならないこととなった。国民は戦前のように伊勢神宮などの参拝を強制されない。国家は伊勢神宮に特権を与えてはならない。また第八九条では、国が宗教団体にお金などを支出することが禁止された。この全く新しい状況の中で伊勢神宮はどのような戦後を歩んでいくのか。このことを考えるため、戦後に行われた三回の式年遷宮（一九五三・七三・九三年）に焦点をしぼり、これらの遷宮は神宮が政府、国民、皇室との関係を再構築する重要な契機を提供したことを示したい。

遷宮に関わった団体と人間に光を当てて、そのダイナミズムを把握してみたい。戦後の式年遷宮を実施する上で重要な役目を担ったのは、神社界である。ここでいう神社界とは、伊勢神宮に新設された神宮司庁の神職たちと、東京に新しくできた神社本庁の職員を指す。「庁」には国家的行政機関という響きがあるが、そうではなく、どちらも法律上プライベートな組織である。神宮司庁は、神宮の事務を司る。神社本庁は、神宮をはじめ全国ほとんどすべての神社を管轄する。これら神社界のほかに、大企業も戦後重大な役を買って出た。神宮が一宗教法人となった以上、大企業の金銭的援助を必要とするからである。特にここで注目したいのは、伊勢神宮式年遷宮奉《ほう》賛会《さんかい》である。奉賛会は、神社界と大企業が手を組んで遷宮を実施するための有力な全国的組織である。奉賛会の枠外でも、地元の、たとえば商工会議所なども重要である。さらに、さまざまなメディアも視野に入れて伊勢の戦後を論じる必要がある。

結論からいうと、戦後の伊勢神宮は私的宗教法人である一方、戦前のような非宗教的、公的、国家的ステータスを理想とし、常に脱法人化をめざす。そして、式年遷宮を大きな節目にその理想は着々と実現へと向かっていく。かいつまんでいえば戦後の神宮はハイブリッド的な存在――公と私、非宗教と宗教、過去と現在をまたぐ存在だと理解すべきであろう。

総司令部と神宮

一九四五年末に総司令部が公布した神道指令は、まさに日本政府の、神道、神社とのあらゆる関係を切断する目的を持っていた。指令に盛り込まれた基本的な姿勢は、いきなりに打ち出されたのではない。戦争がまだ終わらない四四年三月に、すでに確立していた。アメリカの国務省が作成した「日本：信仰の自由」という資料がそれを示している。そこには伊勢神宮が二回も出てくる。「天照大神がまつられている伊勢の大神宮」などのような「古代的宗教の神社」には「国家主義的のメッキが施されている」という。さらに、伊勢神宮は「その閉鎖が経験上得策である」ことが明らかでない限りは、「公開・存続」を許す、とある。アメリカ側は、場合によって国家主義的な伊勢神宮を閉鎖せざるを得ないが、日本を占領して調査をした上で最終的に決める、という立場であった（西田広義『近代神社神道史』）。

「日本：信仰の自由」はアメリカ国務省極東部長JC・ヴィンセントの作成だったが、その姿勢を引き継いだ神道指令は、総司令部の宗教課長ウィリアム・K・バンス大尉が作成に直接関わった。バンスは、一九四五年一〇月上旬ごろから日本側の宗教関係者と神道について交渉しはじめた。主な交渉相手は、総司令部が「宗教行政顧問」として採用していた岸本英夫《きしもとひでお》だった。ハーバード大学留学経験のある岸本は、東京帝国大学助教授で宗教学が専門だった。バンスはほかに、東京大学神道研究室主任教授の宮地直一《みやじなおかず》と、元東京大学教授で宗教学者の姉崎正治《あねさきまさはる》とも相談した。バンスと彼らとの交渉が伊勢神宮に及んだのが、一一月上旬と思われる。一一月八日、バンスが吉田茂と会見した際、伊勢が話題となった（ちなみにこの吉田は、同姓同名の総理大臣ではなく、神職養成機関の皇典講究所の専務理事を務めていた人物である）。この一一月八日に岸本も通訳として立ち会っていた。

議論の流れは次の通りである。バンスは、皇族であろうと政治家であろうと個人として神宮に参拝するのは差支えないが、たとえば国務を神宮に報告するような国家的な行為は許せないといった。吉田は、信教自由の立場から神宮も寺院や教会と同列におくべきだが、伊勢の「皇室との特別の関係」についで理解をいただきたいと切り返した。神宮の祭主は皇族で、天皇の即位を神宮に報告するなどの営みは神宮創建以来の歴史的伝統であり、今後もこの伝統を継続したいというわけである。バンスは、この「伝統」が明治以来のものだと知っていたためか、記録には「返答せず」とある。吉田はそこで、優柔不断で麻痺状態に陥っていた神祇院に対する不満を打ち明け、そして四年後に控える式年遷宮についても述べた。「現行中の工事は経費二〇〇〇万円」だが、「既に一二〇〇万円」支出されていた。足りない分のうち一〇〇〇万円を国庫から支出したいという。バンスは崇敬者から寄付してもらえないのかと聞いたところ、吉田は、「殆ど不可能」と答えた（神社本庁編『神社本庁十年史』）。

吉田茂はバンスとの会談の結果を、翌日、神祇院副総裁の飯沼一省《いいぬまかずみ》に報告した。飯沼はそれを受けて、複雑に割れていた神社界の意見を統一して「神社制度刷新要綱」としてまとめた。この「要綱」は一二月二〇日に閣議決定となった上、バンスに提出された。そして「要綱」は、神宮運営のための国費を一切期待しない、式年遷宮は是非完成したいが国費を断念する、これまでの神宮司庁と神部署《かんべ》と神祇院も解体させる、さらに国民の信仰の自由を拘束する恐れのある神宮大麻については、強制的頒布は廃止する、との立場を取った。総司令部に大きく歩み寄った内容である。神祇院の飯沼らは、これだけ譲歩すれば伊勢の皇室との特別な関係が確保できるとふんでいたらしい。

神宮は廟か神社か

その後、伊勢神宮の位置づけについて、神社界では大きな揺れがあったとみられる。「神宮の本来の意義は、民衆の信仰の対象というよりは、むしろ、皇室の大廟《だいびょう》である。その点を強調して、その線で伊勢をまもってもらいたい」と神社側は岸本に依頼してきた。神道学研究の第一人者である宮地直一も、青年神道懇談会主宰の葦津珍彦《あしづうずひこ》も、伊勢神宮は廟だという姿勢を取り、神宮を宮内省の管轄下におく線で大幅な合意ができていた。

だが、総司令部はそれに対して、神宮を廟と見なし、宮内省の所属とすると、一般国民の参拝を禁止する。しかもその場合、神宮を宮内省の限られた皇室費のみで維持していかなければならなくなるとの立場を示した。神社側は、そこで国民の崇敬を禁じたまま占領が二〇年も続けば、国民が神宮から完全に離れる、と危機感をおぼえた。急遽舵を切って神宮を「廟」でなく、国民が崇敬できる「神社」と位置づける選択肢を取ったのはそのためであった。岸本は、「ある日神社側から突然に「伊勢を廟としてではなく、神社としてのこすように骨を折ってもらいたい」という新しい要望が私のもとにつたえられたのである」と回想している（新日本宗教団体連合会編『戦後宗教回想録』）。

いずれにせよ二一世紀の現在から振り返ると、神社界の選択は成功したというべきであろう。戦後の伊勢神宮は、皇室との関係を完全に切断されることもなく、国民との新たな関係を育むこともできたからである。とにかく伊勢神宮は、一二月一五日の神道指令を受けて、一二月二八日の宗教法人令をもって一宗教法人として生まれ変わったが、翌一九四六年二月に発表された「神宮規則」から判断して、それは多少特殊な法人だったことが分かる。

神宮規則

「神宮規則」によると、大宮司の選任は勅裁を必要とし、祭主は「皇族」と定められている。「祭主存続のため」女性皇族とする、という異例の項目もある。大宮司と祭主は、神宮と皇室の揺るぎない関係をはっきり表現する存在である。ほかにも、神宮が執り行う儀礼を戦前のまま踏襲したり、正式名を「伊勢神宮」ではなく戦前の「神宮」として連続性を訴えるといった、注目すべき項目がある。目新しいのは、「神宮は神社本庁に所属し、神社の本宗《ほんそう》とす」という項目である。この神社本庁は全国の神社を管轄する私的法人で、一九四六年二月に正式に設置されたが、「本宗」は仏教の「本山」をなぞらえた新しい造語で、伊勢が戦後神社界の核心であることを示す。そして全国すべての神社は伊勢神宮を支えていく、前例のない義務を担うことになる。神宮は一方では私的宗教法人で、しかも神社界の最も特権的な存在でありつつ、他方で皇室と特別な関係を保つことに成功している。総司令部は、このような矛盾した存在としての伊勢神宮を認めたのである。

総司令部の神宮対策を考えたとき、今一つ特筆すべきは、この私的宗教法人の神域（内宮、外宮、その他別宮の境内地）が国立公園として保護されたことである。伊勢神宮は、総司令部のウオルター・D・ポパム大尉に国立公園化案を出し、ポパムは特に好意的に受け入れた。何度か伊勢を訪れ、「神宮の陰の援助者」とみられていたポパムは、伊勢神宮の「樹齢六〇〇年の老杉繁《ろうさんしげ》る」境内林や、世界的にみても特色ある社殿の木造建築物の価値を認めた。一九四六年末に、北は伊勢神宮、南は志摩町にわたる総面積七万四六四四㌶の土地が伊勢志摩国立公園として指定された。そのうち神宮の宮域林が五五〇〇㌶を占めている（伊勢志摩国立公園指定五〇周年記念事業実行委員会編『伊勢志摩国立公園五〇年史』）。

戦後初の式年遷宮に向けて

戦後初となる第五九回式年遷宮は一九四九年に予定されていたため、準備はすでに戦時中の四〇年から始まっていた。当時の政府は総予算二〇〇〇万円を計上し、四一年から八年間に及ぶ一連の儀礼は終戦までにかなり進んでいた。伊勢の神路山《かみじ》で山の神を祀る山口祭（一九四一年）がその出発点であった。

同年、長野県木曾谷で御杣始《みそまはじめ》祭が行われた。この儀礼で切り倒される檜で、天照大神の神体を納める御船代《みふなしろ》がつくられる。檜が神宮に運ばれた後、その木の神を祀る御船代祭は内宮と外宮で行われた。そして、太平洋戦争の総力戦の真っ最中だった一九四二年と四三年には、お木曳初《きひきぞめ》式《しき》が二回行われた。切り倒された一万三〇〇〇本前後の檜を長野県から伊勢へと運ぶ儀礼である。四四年には、新殿が建てられる敷地を清めて敷地の神を祀る、鎮地《ちんち》祭も執り行われた。この鎮地祭を最後に、第五九回の式年遷宮の準備は中断され、伊勢神宮はそのまま終戦を迎えた。

総司令部は、伊勢まで運んであった材木を住宅・学校の復興に優先的に使ってほしいという立場を示した。この状況の下で、予定通りの遷宮の実施は難しいと内務省は悟り、「神道指令」が公布される前日の一二月一四日に、内務大臣は「神宮式年遷宮御造営は、之を中止せらるる旨仰出さる」と告示する。つまり、天皇が「国民の現状」を憂慮して遷宮延引もやむなしと決断をしたのである。

一九四九年の第五九回式年遷宮はこうして見送られることとなったが、注目すべき動きは二つあった。一つは、ボロボロになっていた宇治橋の架け替えで、戦前から調達していた檜を使い、勤労奉仕によって四九年一一月に完成した。渡初《わたりはじめ》式は、一一月に盛大に行われ、全国の新聞社も取材にきた。

今一つの動きは、伊勢神宮式年遷宮奉賛会の設立だった。この奉賛会は、いずれ行うであろう第五九回の式年遷宮に向けて必要な寄付金を募るほか、遷宮全般の管理を請け負った。設立された当時は遷宮に必要な経費を五億円と見積もり、内宮の遷宮をまず一九五四年に、外宮を五七年に実施できるよう計画を立てた。内宮などの用材は戦前から調達してあったが、造営工事の設計、執行、監督の問題もあり、屋根に必要な萱《かや》の確保や職人の採用も急を要する課題であった。さらに、天照大神などに捧げる装束と神宝の材料も購入し、製造する職人を雇わねばならない。この装束と神宝は合わせて二五〇〇点にものぼる。課題は多々あった。

伊勢神宮式年遷宮奉賛会

奉賛会は、戦後の伊勢を考える上で重要なプレーヤーとなるので、その組織を少しみてみよう。奉賛会役員の顔ぶれが面白い。総裁は女性として初めて祭主に就いた北白川房子《ふさこ》（明治天皇第七皇女）、会長は、現役の参議院議長の佐藤尚《なお》武《たけ》、副会長兼理事長は参議院議員の徳川宗敬《むねよし》、ほかに生命保険協会の会長、大阪商工会議所の会頭も副会長を務めた。常務理事には、たとえば神宮崇敬総代、神宮の少宮司、経団連事務局長と全国銀行協会事務長などがいた。政治と、宗教と、経済界の要人が一緒になるハイブリッドな組織である。奉賛会は神宮司庁に本部を、神社本庁に事務局をおいて、そのもとで各都道府県に地方本部を設置し、本部のハイブリッド性は地方的組織にも及んでいった。

神社本庁が四六年に設立されたとき、都道府県ごとに神社庁も配置され、地方神社の管理などを委託されていた。奉賛会はこれら神社庁内に奉賛会地方本部を設置するや、あっという間に全国的なネットワークを立ち上げることに成功した。本庁は、地方の神職に「縁の下の力持ち」の役割を期待し、「強く広く訴えて」一般民衆の胸中にひそむ神宮信仰の「心のほのおを燃え立たせねばならぬ」と指示した。また募財活動を神職だけの責任とはせず、「県内の県政、産業関係、市町村で多年の深い経験を有する」人材を地方本部長として起用するようにした（『神社新報』一九五〇年八月二一日）。このようにでき上がった奉賛会をみて、『読売新聞』（一九五一年一一月一一日朝刊）は「逆コース」つまり政治上の反動化の表れだと警鐘を鳴らした。

奉賛会は、都道府県の事情を勘案して、負担額を事前に決めていた。たとえば最も募金が有望な東京が全額の五分の一に相当する九九〇〇万円だったのに対し、鳥取は最も見込みがなかったようで、三六一万三〇〇〇円となった。大阪は六〇〇〇万円、京都は二二二四万円となった。結果は、東京と京都は奉賛会の期待に添えず、大阪と鳥取は期待を遥かに超えた金額を集めた。奉賛会はほかに、特別有功会員や特別名誉会員といった会員制を敷き、前者は一〇〇万円、後者は一〇万円の寄付金を条件とする。そのかわり内玉垣南御門外の神宮参拝が特別に許され、遷御にも招待される。そのほかには一〇〇円だけの会員もあった。

いずれにせよ、奉賛会の募金活動は「想像以上の好成績」を上げた。奉賛会の計算では、六五〇万人もの人々が寄付をしたといい、目標の五億円をやすやすと超えて七億円も集めることができた。予定より早いペースでお金が集まったため、遷御儀礼を繰り上げて内宮も外宮も一九五三年一〇月に行うことに決めた。この式年遷宮で余ったお金は、神宮の積立金として次回の遷宮に繰り越されることになった。

式年遷宮が復活する

奉賛会は、一九五一年から本格的な宣伝作戦にも乗り出した。奉賛会は神社本庁と共催で「式年遷宮奉賛美術展」を東京の三越で開き、横山大観らの作品を展示した。美術展はそのあと大阪、京都、神戸の順に「全国各地の会場」を巡回した。それとは別に「神宮展覧会」も全国で開催していった。展覧品は、前々回の式年遷宮用に製造された装束や神宝のほかに、絵巻物、内宮・外宮などの多くの写真も列べられた（『瑞垣』一五号、一九五三年）。

また神社本庁は、伊勢講の結成を地域の神社に促した。伊勢講を通して神宮大麻の頒布を行い、伊勢参拝を促すことで、伊勢講を地域における「崇敬母体」とするねらいがあった。奉賛会は、パンフレットなどの作成・配布にもとりかかった。代表的なものは、『第五九回神宮式年御遷宮の栞』（一九五一年）であった。

この『栞』の内容は極めて面白い。そのキーワードは「信仰」と「宗教」だ。「日本人の信仰は伝統的である」「皇大神宮に対する信仰は千数百年の昔から易《かわ》ることなく、今日に及んでいる」と、日本人の伊勢神宮への関わり方を宗教的信仰として理解すべきだという。戦前の国家が神宮を管理して「宗教にあらず」と解釈したことで、「我が神社神道」の本質を変えたとまでいう。神道指令により国の制度が消滅し、「神社も又他の宗教と同様にこれを信じ、これを崇敬する人々の自由意志によって護持されるにいたった」。それは「信教の自由の建前から当然なことで喜ばしきこと」だと主張する。

奉賛会は、ここで戦前のあり方を否定し、「神道指令」の影響を賞讃する。式年遷宮については、古代から「いささかの改変も加えられることなく」持続したのは、「宗教的なもので、信仰と切り放せない古儀古式」だからであるといい、山口祭から遷御までの儀礼は「信仰心に発する宗教的行事」だと位置づける。信仰心を持たない日本人らに対しては、遷宮は「芸術的な面から見ただけでも」貴重な伝統だとアピールする。「節

図26　『第59回神宮式年御遷宮の栞』表紙

約しうるものは」「努めて節約」し、御装束や神宝は「三流、五流品を調製することにとどめ」ると約束する。

奉賛会が式年遷宮の予定を大幅に繰り上げて一九五三年に執行することとなるや、宇治山田市の実業家はすぐさま「御遷宮総合対策委員会」を設立した。参拝者の誘致、受入体制、それに必要な広報・宣伝の責任を請け負い、伊勢神宮大宮司、三重県知事、宇治山田市長、そして近鉄と国鉄の代表も委員会に加わった。

委員会の活躍の中で、「キャラバン隊」の派遣は注目されてよい。キャラバンは、大型バスに華やかな装飾をつけたもので、五二年から京都、滋賀、福井、岡山、鳥取、四国などを巡回し、各地で市役所の前に止めてマイクで人に呼びかけ、遷宮について語り、伊勢音頭を踊ったり宣伝ビラを配ったりして募金活動をしたのである（『瑞垣』一五号、一九五三年）。

国民のための式年遷宮

式年遷宮の準備となる諸儀礼は、戦局の悪化で一九四四年に一旦中止となったが、戦後再開されて五二年から最終段階を迎えた。正殿の御柱を立てる「立柱祭《りっちゅうさい》」、萱葺《かやぶき》棟木をあげる「上棟祭《じょうとうさい》」がどちらも同年三月に行われた。同年五月には、萱葺の作業開始を意味する「檐付祭《のきつけさい》」が、七月には内宮正殿などに金物をつける「甍祭《いらかさい》」が行われた。新宮の敷地に敷き詰める「御白石持《おしらいしもち》」ののち、神職は正殿の真下中央に心《しん》の御柱《みはしら》を建てる「心の御柱奉建《ほうけん》」、新殿の竣工を祝う「杵築祭《こつきさい》」をそれぞれを行った。圧巻はもちろん一〇月二日の内宮遷御と五日の外宮遷御であるが、それにいたる儀礼の中では、「御白石持」が注目に値する。これまでは地元の人たちのみの行事だったが、五三年は全国の奉賛会会員の参加が可能となった。奉賛会メンバーであれば誰でも参加し、天照大神が引っ越しする前の新しい正殿を間近に見ることもできた。前例のない規模で行われた「御白石持」は、全国から一四万人もの参加をみ、全国の新聞社も宇治山田へ取材にやってきた。

図27　『毎日新聞』1953年10月３日朝刊

奉賛会のメンバーは、遷御当日に天照大神の行列の奉拝もし、さらに天照大神があとにしていた旧殿の拝観も許された。

さらに伊勢神宮は、遷御当日には諸新聞にこれまでにない取材を許し、遷御行列を初めて撮影させた。図27は、『毎日新聞』が撮影し、一〇月三日の朝刊一面に載せた前代未聞の写真である。キャプションは「千二百数十年来秘事として公開されなかった御神体渡《と》御《ぎょ》の有様は赤外線撮影で始めてフイルムに焼き付けられた」とある。これなどは伊勢神宮の「私有化」の真実を広く世に示す全く新しい企画であった。

特に『毎日新聞』と『読売新聞』は、伊勢神宮の新しいイメージを全国に広める上で大きく寄与したが、今一つ無視できない存在は、大手私鉄の近畿日本鉄道株式会社（近鉄）の活躍である。近鉄は、右にみた参宮急行電鉄、伊勢電気鉄道などを母体として、一九四四年に正式に設立された会社だが、終戦直後から参拝者数が激減して苦しい状況におかれていた。その近鉄は第五九回の式年遷宮を事業が活気づく貴重なチャンスと捉えた。二五〇〇万円を投じて、大阪の上本町《うえほんまち》駅の増築、山田駅の改築、宇治山田駅構内の増築などを行い、上本町↓宇治山田の特急「五十鈴《いすず》号」を走らせた。近鉄は同時に宣伝にも乗り出した。機関誌『近鉄ニュース』その他の宣伝物で伊勢神宮や式年遷宮の魅力を語る。一人でも多くの乗客を誘致するべく、伊勢志摩国立公園の果てまで是非旅してほしいと、宣伝は神宮に留まらなかった。近鉄が一九五三年夏に刊行したパンフレット『御遷宮記念　伊勢志摩』をみてみよう。

このパンフレットで目につくのは、夥《おびただ》しい数の神宮の写真である。上空から見下ろした内宮正殿に、梯子下から見上げた内宮正殿（図28）、空から覗いた旧殿と新殿の隣接風景を見開きで載せている。神職、職人、神饌《しんせん》の写真もある。パンフレット後半は、海女《あま》観光地の鳥羽、そして英虞《あご》湾へと写真の主体が移る。写真に付された記述も、民主主義国家の国民となった日本人を魅

図28　『御遷宮記念　伊勢志摩』掲載の内宮（近鉄秘書広報部〈分室〉蔵）

せることをねらっている。内宮の写真には、「内宮の扉が開かれました。たとえば「一二六〇年ぶりに神秘の扉が開かれました。内宮御正殿の規模をうかがいますと」とあって、寸法の詳細までが掲載される。「お伊勢さんのお供えもの」も細かに述べられている。「お伊勢さん遷宮夜話」という項目では、遷御直後から翌年にかけて毎日行われる「奉祝祭」や「旧御本殿の拝観」などを「国民の手によるお祭りの新しい特色」として紹介している。

『近鉄ニュース』九月の特集号でも、「遷宮の模様は秘事とされていた」が、「こんど国民の手に戻った祭典となるに及んでこれらのことが研究家によって発表、明らかにされるようになった」といい、読者に細かい情報を提供する。たとえば「殿内中央に安置する舟形の御船代のなかに御樋《みひ》代《しろ》がおさめられ、中にご神体を収める黄金の箱があって、左右前方には　相殿《あいどの》神之御船代が向き合うような配置にある云々」。

以上のような、奉賛会の広報、『毎日』『読売』などメディアの報道、近畿日本鉄道の宣伝、地元の催し物のおかげで一九五三年の伊勢参拝者数は戦後の新記録を達成し、前年は一五〇万人だったのが二四〇万人になった。その多くは、近鉄や国鉄の新しい特急に乗って宇治山田市入りしたのである。一九五〇年代から六〇年代にかけて参拝者の数は右肩上がりであった。

伊勢神宮の「脱法人化」と式年遷宮——一九七三年

終戦直後の伊勢神宮は、矛盾に満ちた存在となった。総司令部は、伊勢神宮に宗教法人としての道を選ぶのか、天皇家だけの「大廟《だいびょう》」としての性格をとるのかの二者択一を迫ったところ、神宮は、法人（私有）を選択した。だが、天皇との密接な関係は持続させ、「大廟」的な性格を帯び続けていた。

神宮と天皇

戦後の天皇について、ひとこと言及しておこう。天皇は日本国憲法でみる限り日本の「元首」ではなくなっている、という点が重要である。天皇は憲法上「日本国の象徴であり日本国民統合の象徴」（第一条）だ。さらに天皇は、国事行為を行う（第四条、第七条）など公的な地位を持つ公人だが、同時に私人である。天皇がたとえば式年遷宮等と関わるときに、それは公人としてなのかそれとも私人としてなのかが当然問われる。そのことが同時に遷宮が私的な儀礼でよいのか、神宮そのものが私的な法人でよいのかの難しい問題ともからむ。一九五三年（昭和二八）一〇月二日午後八時にはじまった遷御儀礼にも、その矛盾が現れていた。

昭和天皇は、その夜東京の皇居にいた。八時前に神嘉殿《しんかでん》前の南庭に移行し、御仮屋に入って伊勢に向かって正座をした。天照大神が本殿を出立した瞬間、天皇はひれ伏し、天照大神を遥拝《ようはい》した。天皇は伊勢へ勅使の甘露時受長《かんろじおさなが》と、天皇が選任した大宮司佐佐木行忠《ゆきただ》を派遣していた。天皇のこの行為はいずれも戦前の遷御儀礼と同じだが、天皇が公人か私人か不明である。この、遷御にはっきりとした公的な性格を付与したのは、堤康次郎《つつみやすじろう》、河合弥八《やはち》の衆参両院議長、副総理緒方竹虎《おがたたけとら》、安藤正純《まさずみ》・木村武雄両国務大臣、それに全国知事会の副会長熊本県知事桜井三郎など各県知事の参列であった。私的な宗教法人の儀礼である式年遷宮は、このような公的な性格を持っていた。

神宮問題

戦後よくいわれた「神宮問題」は、まさに式年遷宮のステータス、神宮そのもののステータスをめぐる問題をいう。この問題を解決する糸口を鳩山一郎《はとやまいちろう》首相が一九五六年に提供した。鳩山政権は、その年に宗教法人審議会を立ち上げた。理由は、宗教法人法が五一年に施行されて以来さまざまな不備が浮上しており、その修正を審議する時がきたと考えたからである。多くの新興宗教が法人化したことが当時の問題としてよく認識されていた。神社界は、これを契機に動きだし、神宮の公的ステータスを確立しようと試みた。

神宮司庁、神社本庁、そして奉賛会から構成される神社界の姿勢は、次のように要約できる。すなわち、宗教法人法は神道指令の精神で立法されたもので、神宮の国家的精神および公共性の抹殺をはかっており、民族的な古い歴史伝統を固有する神宮として不適当である、と。これが神社界の主張であった。しかしこの姿勢に対してほかの宗教代表者は審議会において、「国の象徴たる天皇の公的地位と宗教的神宮との間には、何等の関係はなく、陛下個人の宗教的信仰として自由だが、公的資格では格別の法的関係は認められない」と主張していた（西田広義『近代神社神道史』）。

脱法人化をねらう

神社界は、審議会での議論が望み通りに進まないことを悟り、政府にも国会議員にも直接働きかける方針に切り替えた。神道指令から一〇年余り、講和条約からも五年経っているので、「今や皇室と神宮との制度的関係の是正」の必要性を岸信《きしのぶ》介《すけ》総理大臣に申し入れた。一九五七年末のことである。神社界に同情する声は、岸政権に少なからずあった。翌年正月の松永東《とう》文部大臣の発言にそれがみえる。松永は、伊勢神宮は一般宗教とは認めることができない、特別扱いにせねばならぬ、そして神宮の鏡などに対し国家は「保護手段」を講ずるべきだといった。松永は同年秋、神宮問題を調査するため、自民党内に特別委員会を立ち上げた。

これに対応する形で、神宮司庁は神社界全体の統一的な意見を「神社制度改正案」として作成した。それは次の四つの要請を政府に突きつける内容であった（『近代神社神道史』）。

（1）伊勢神宮の鏡と賢所《かしこどころ》の鏡を、天皇の地位と不可分であることを認めてほしい。

（2）天皇が伊勢に対し行う式年遷宮などの儀礼を、天皇の国事行為（憲法第七条）として認めてほしい。

（3）伊勢神宮が天皇の祖先を祀る聖地だと公認してほしい。

（4）神宮は内宮、外宮その他別宮の施設と敷地を国家に返し、その上で、それらを皇室用国有財産として認めてほしい。

これらの要求の枠組みをつくったのは、戦後の神社界で指導的役割を一貫して果たした葦津珍彦《あしづうずひこ》である。葦津が目指したのは神宮の「脱法人化」と国有化にほかならない。奉賛会会長佐藤尚武《なおたけ》は、この「改正案」をさらに煮詰めて、メディアに公開した。世論を動かすことで、政府にプレッシャーをかけることをねらったのである。佐藤が一九五九年の段階で特に強調したのは、神宮施設の国有化、天皇の神宮に対する報告、参拝などの国事行為化であった。

総理大臣池田勇人と伊勢神宮

内閣総理大臣岸信介は、伊勢神宮に対して好意的であった。総理として初めて迎えた一九五八年正月に、伊勢神宮を参拝した。これまで鳩山一郎（一九五五年）、石橋湛山《いしばしたんざん》（一九五七年）も初詣に伊勢参拝をしたが、岸の参拝ぶりはまるで違っていた。『朝日新聞』（一九五八年一月四日朝刊）でみると、岸は「非公式のふれこみにもかかわらず、随行者六〇余人、二〇余台の自動車を連ねる豪勢」だった。そして「押し寄せる参道の人波をかきわけながら、首相は終始ニコニコ顔」だったとある。ちなみに、戦後の総理による新年参拝が慣例化するのは、一九六五年の佐藤栄作《さとうえいさく》政権からである。いずれにせよ岸の伊勢参拝は、神宮の法人化を否定する行為と認めるべきだろうが、彼は、一九六〇年に日米安保条約調印問題で退陣に追い込まれ、神宮問題は解決をみなかった。代わって首相となったのは、池田勇人《いけだはやと》である。池田総理も神宮に対して好意的な姿勢を示し、就任後間もない同年八月に伊勢を参拝し、就任報告を天照大神に対して行った。

ただ池田は、安保闘争で混乱した政治や社会を安定させ、高度成長、所得倍増などを自らの政権の使命としたため、神宮のステータスを変更し、憲法をいじる用意はなかった。それを熟知していた神社界は、池田を試すことにした。三重県代表の浜地文平《はまちぶんぺい》議員をして質問主意書を池田総理宛てに提出させた。伊勢神宮の国有化に直接触れることを避けた浜地は、次の三点を取り上げた。

（1）伊勢の鏡は、皇祖《こうそ》（＝天照大神）が皇位継承者たる皇孫《こうそん》（＝瓊瓊杵尊《ににぎのみこと》）に授けたもので、天皇の地位と不可分だと信じるが、政府はどう

図29　池田勇人

解釈するのか。

（2）それは天皇の鏡だという解釈をすれば、神宮はこの鏡を預かっていることになる。神宮と鏡との関係を一体どう理解すればよいのか。

（3）宮内庁は、この鏡を保存する神宮当局者に何らかの指示をすべきだと思うが、政府はどう考えているのか。

浜地の池田に対する質問は、もっぱら伊勢の鏡の公的性格を認めさせるためのものだが、これが認められれば、神宮も当然公的性格を帯びることになる。なお、鏡は、職人ではなく神々がつくったもので、それを天照大神は実際に瓊瓊杵尊に授け、そして代々の天皇が引き継いだ神器だ、という。これはもちろん『日本書紀』が語る神話で、浜地は、池田総理に対し神話を公認せよとも迫っているのである。

池田勇人の神宮観

池田総理は、一九六〇年一〇月二二日付で浜地に答弁書をしたためた。その内容は極めて興味深い。池田は言を左右にせず、こういう。「神鏡は、皇祖が皇孫にお授けになった八咫《やた》の鏡」である。鏡は崇神《すじん》天皇の代に京を去ったが、やがて垂仁《すいにん》天皇の代に、皇女倭姫命《やまとひめのみこと》がその鏡を五十鈴川上に祀り、神宮を創建することとなった、と『日本書紀』を直接引用して主張する。つまり天皇は、鏡を伊勢神宮に「授けられた」のでなく、祀らせただけである。鏡は、皇位を離れたのではない。永遠に皇位とともに伝わるものだ、と総理はいう。宗教法人の神宮は、鏡の「御本質を無視して、自由に処置する」ことはできない。なお、日本国憲法下でも神宮に関する重要事項はすべて皇室に「連絡協議」する原理になっていると明言する（神社本庁総合研究所監修・神社新報創刊六十周年記念出版委員会編『戦後の神社・神道』）。

池田が鏡の公的性格を公認した答弁書は画期的であった。神社界はそれを大歓迎した。神社本庁の機関誌『神社新報』（一九六〇年一〇月二九日）は、「義理を明らかにして、俗論妄説の横行を排除したもので、「今や政府も当然の事は当然として公式に表明するにいたった」「心からこれを喜びたいと思う」と賞賛した。葦津珍彦は、「道はなお遠い」と警鐘を鳴らしながらも「国体恢弘《かいこう》の途上に横たわる暗雲」が晴れたと高く評価した。それは無理もないことだろう。戦後の総理大臣がここで万世一系の神話を史実かのように再生産し、権威づけたのである。天皇の地位は、憲法のいう「主権の存する日本国民の総意」ではなく神話に由来することになる。天皇はつまり聖なる存在と改めて位置づけられている。この答弁書は、神社界の脱法人化志向と軌を一にしていることはいうまでもない。

しかし、である。池田は、神宮の法的地位を変更して、その国有化に踏み切るまでにはいたらなかった。答弁書は、神宮問題の矛盾を後世に残したのである。

神社界は、葦津などを中心として神宮制度改正を要求する運動を、真姿顕現《しんしけんげん》運動と称した。文字通り、伊勢神宮の本当の（すなわち戦前の）姿を世に顕示するのがその目的である。この運動は池田の答弁書で大きく盛り上がったが、これで終わったわけではけっしてない。二一世紀の今でも続いている。

昭和天皇の式年遷宮許可

この真姿顕現運動は、徐々にしかも微妙にではあるが、式年遷宮の演出に変更を施していく。それは天皇と式年遷宮との関係に見出すことができる。池田は、神宮が宮内庁に重要事項を「協議連絡」する原則を確立したが、坊城俊良《ぼうじょうとしなが》大宮司はそれをふまえて、一九六四年三月中旬に、宮内庁に第六〇回の式年遷宮の「御準備を開始いたしましてよろしゅうございましょうか」と伺った。これに対し、四月二日に宮内庁から「御準備について大宮司においてとり進めるということについて御聴許あらせられた」との返事がきた。つまり昭和天皇は、宗教法人神宮の大宮司に準備する許可を下した。これを受けて神宮は第一回神宮式年遷宮準備委員会を開催し、一九七三年の遷宮に向けて動き出したのである。

六六年末に天皇と皇后が伊勢神宮に「御内帑金《ごないどきん》」を下賜し、それは一回きりではなく遷宮が行われる七三年まで毎年繰り返された。六六年の御内帑金の下賜こそ、天皇が式年遷宮を「皇室第一の重事」だと認識している、と当時の大宮司は解釈した。また七三年九月には大宮司が天皇に拝謁し、遷御の際に奉納される「御神宝装束」の一部を見せた。これは戦後初の「天覧」であった。

一九七三年の式年遷宮が宗教法人の儀礼ではなく、天皇儀礼だという印はほかにもあった。天皇は式年遷宮当日の一〇月二日に、勅使のほかに次男常陸宮正仁《ひたちのみやまさひと》親王を伊勢に派遣して、遷御行列に参列させた。親王は、翌三日午前の奉幣《ほうへい》の儀にも参列した。そして、一〇月末には大宮司が天皇に再び拝謁して、式年遷宮が無事に終了したことを伝え、天皇から「御言葉」をもらった。翌一九七四年一一月に、天皇と皇后は遷宮後初の「神宮御親拝」を行った。これ以降、天皇による遷宮後の参拝は新しい伝統として定着していく。こうして、式年遷宮は天皇の「御聴許」に始まり「御親拝」に終わった。その結果、天皇と皇室の、神宮そして祭神天照大神との関係性はますます深まっていくのである。

天皇による遷宮後の参拝について、一点補足すべきことがある。それは天皇が剣と璽とともに参拝したことである。剣とは草薙剣《くさなぎのつるぎ》で、璽は八坂瓊勾玉《やさかにのまがたま》である。この剣璽《けんじ》は、鏡とともにいわゆる「三種の神器」を形成する。戦前は、天皇が一日以上皇居を離れる場合には必ず剣璽と一緒だったが、総司令部は「皇位神聖否定」の一貫としてそれを中止させた。それが神社界の並々ならぬ努力の結果、ここに復活したのである。復活の意義について、神社界はこう語った。「剣璽は、御鏡と共に皇位と不可分」で、万世一系の「皇位の神聖」は、天皇陛下が常にこの剣璽とともに行動するところに表れる（『神社新報』一九七四年一一月四日）。天皇と式年遷宮との関係性は、二〇年後にさらなる展開をみせることになる。

神社界の新戦略

右に述べた通り、池田勇人は、神宮の脱法人化に踏み切らなかったが、式年遷宮の準備開始が迫った一九六四年春に、国費で遷宮を賄う方法を検討する考えを示した。これといった進展はなかったが、池田の後を継いだ佐藤栄作総理は、衆議院予算委員会で遷宮を国費で実施できないか、検討することにした。翌年二月下旬の予算委では、その問題をめぐってかなり火花が散ったようだ。そのときの主役は、是非国費で支弁したいと主張する中曽根康弘《なかそねやすひろ》であった。中曽根はこのときの議論に法制局、文化保護委員会、そして宮内庁の代表と戦った。

法制局の代表は、式年遷宮に宗教的色彩がないとはいえない、伊勢神宮そのものは宗教法人だ、日本国憲法第八九条は宗教団体への公金支出を禁じている、との立場を崩さない。国費は無理だという。文化財保護法を式年遷宮に適用してはどうかという中曽根の議論に対しても、保護法が適用できるのは建物のような有形のものであって、式年遷宮のような「無形の行事」ではないと文化保護委員長は主張した。宮内庁はそこで、原則として皇室内廷費（天皇のお手許金）を遷宮に使っても憲法上は差し支えないだろうが、内廷費は限られており、式年遷宮にかかる巨額の費用はとても出せない、と説明した。結論として、伊勢神宮の宗教法人としての法的地位を変え、また憲法第八九条を変えない限り国費の支弁は諦めるしかない、となった。この日の議論は中曽根の負けで終わったのである（中西正幸『永世への祈り』）。

神社界はこのような結論を予想していた。すでに式年遷宮の予算をすべて国民から募集する体制づくりが始まっており、一九六五年一月からは前回よりも遥かに強力な奉賛会の形成に着手していた。「すべて」とは、必要経費の三〇億円である。三〇億円を七三年の遷宮までの八年間で募集せざるをえない。そのうち造営工事費が一八億円と大半を占め、二億円の装束と神宝がそれに続く。神社界は、前回の奉賛会を伊勢神宮崇敬会として位置づけ直し、募金活動から外した。かわりに「第六〇回式年遷宮奉賛会」を立ち上げ、財界をその中核にすえた。財界の存在が、前回の奉賛会との決定的な違いであった。

財界の動員

財界を中核とした新しい奉賛会は、翌六六年の暮れに財団法人として正式に設立されたが、当時の役員の顔ぶれが興味深い。奉賛会会長には日本商工会議所の会頭が就任した。副会長は、日本経済団体連合会の副会長、大阪商工会議所の会頭、農林中央金庫の理事長がそれぞれ務めることとなった。顧問には経団連会長や経済同友会の幹事のほか、実業家の松下幸之助《こうのすけ》などが入った。理事は多数で、実業界のありとあらゆる分野が代表されていた。日本百貨店協会会長、私鉄経営者協会会長、自動車工業会会長などである。

奉賛会は、中央本部を東京商工会議所におき、地方本部を東京の神社本庁内に設置した。地方本部は都道府県の神社庁に設けた県本部を管轄する、という仕組みであった。県本部長の顔ぶれにも注意を払いたい。その大多数は商工会議所会頭が務めたが、少なくとも福島県、滋賀県、福岡県では県知事が務めることになった。財界と宗教と政治が一体となったこの奉賛会は、「全国隈無く徹底」する体制をもって、七三年の遷宮に向けて動き出したのである。

しかし、ドルショック、対米経済問題、国内の公害問題などがあったため、募金活動は順調には進まなかった。ある担当者は、「一社に五回足を運ばせてそれで決まればよい方で、一〇回、一五回と足を運んでもくれないところがある」と嘆いた（『神社新報』一九七〇年一一月三〇日）。その上、当初予算の三〇億円は、物価や賃金などの高騰により最終的に四二億円にも上った。それでも中央本部は、与えられたターゲットをどうにか達成していった。地方は、「精神生活に無関心の風潮」にもかかわらず、与えられた目標の二倍以上が集まった。前回の残余財産の一億円があり、社頭献金（参拝者が寄付したお金）の四億円前後もあった。ちなみに、皇室からの御内帑金は公開された資料によると延べ一〇〇〇万円だったらしい。

この募財活動を支えた一つの重要な力は、神宮大麻だった。大麻の担当は戦後神社本庁に委託され、全国の神社が頒布することになった。頒布は「本宗たる神宮の御神徳を宣揚し、神社神道の交流に寄与する」意味を持ち、本庁の中心的活動の一つとなったが、同時に神社神職の大きな負担ともなった。神社本庁は、毎年地方に頒布される大麻や伊勢神宮で撒かれる大麻の収益金を遷宮の檜の購入に使おうと考え、それに備えてまず初穂料を大幅に引き上げた。次に、頒布を活気づけるために一九六八年から「神宮大麻奉斎家庭増加運動三か年計画」を実施した。五県を指定して県内にモデル支部を定め、三年継続の運動を起こし、頒布率の向上をはかる。四年目に新たに五県を指定する、という発想だった。これは伊勢神宮、神社本庁、県ごとの神社庁、地域の神職らが骨身を削った運動で、大いなる成果をあげた。一九七二年から翌年にかけての一年間だけでも、約八〇〇〇万体の大麻が全国に頒布されたのである（『神社新報』一九七九年三月一二日）。神宮大麻は、伊勢神宮の欠かせない収入源だっただけでなく、広報のための重大な装置でもあった。八〇〇〇万近くの大麻が遷宮直前に頒布されていたことは、それだけ国民の伊勢に対する認識が高まっていたということだろう。

『伊勢神宮式年遷宮の本義』の語るもの

奉賛会は設立されるや、七三年の式年遷宮に向け広報活動にも乗り出した。『伊勢神宮式年遷宮の本義』（一九六六年）というパンフレットは、その大きな柱となった。この『本義』は、右にみた『第五九回神宮式年御遷宮の栞』と内容がまるで違うことが興味深い。『栞』は国民の聖地としての伊勢を訴えたが、『本義』は神国日本を中心に神宮を語る。

> まさしく日本は神の国で、日本人は神々の子孫であることを痛感する。天照大御神こそは、日本および日本人の始原であられる。（中略）この無《む》上《じょう》絶対《ぜったい》の大御神への尊崇という民族的信仰、国民的意志は、常に自然にしかも静かに深く日本民族の心底に、伝統的な信念、情操

として流れてきた。

とある。

『本義』でいう「信仰」「信念」は、神宮に対する個人の、自由なものではなく、すべての日本人が否応なく共有するものとされている。『本義』では、天照大御神が「無上絶対」の神とされていることも注目される。この神の子孫である日本「民族」は、他の民族と異なるユニークなもので、他より遥かに優れていることをほのめかす。また『本義』は、天皇の祖先神の聖地としての神宮を強調する。「天照大御神は皇祖」で、皇祖だから「歴代の天皇は御みずから神宮のお祭りをご主宰《しゅさい》遊ばされた」。天皇は、「広大無辺の皇祖神のみ心を」仰いで、国家国民の平和と繁栄を祈るためにお祀りをする、とある。

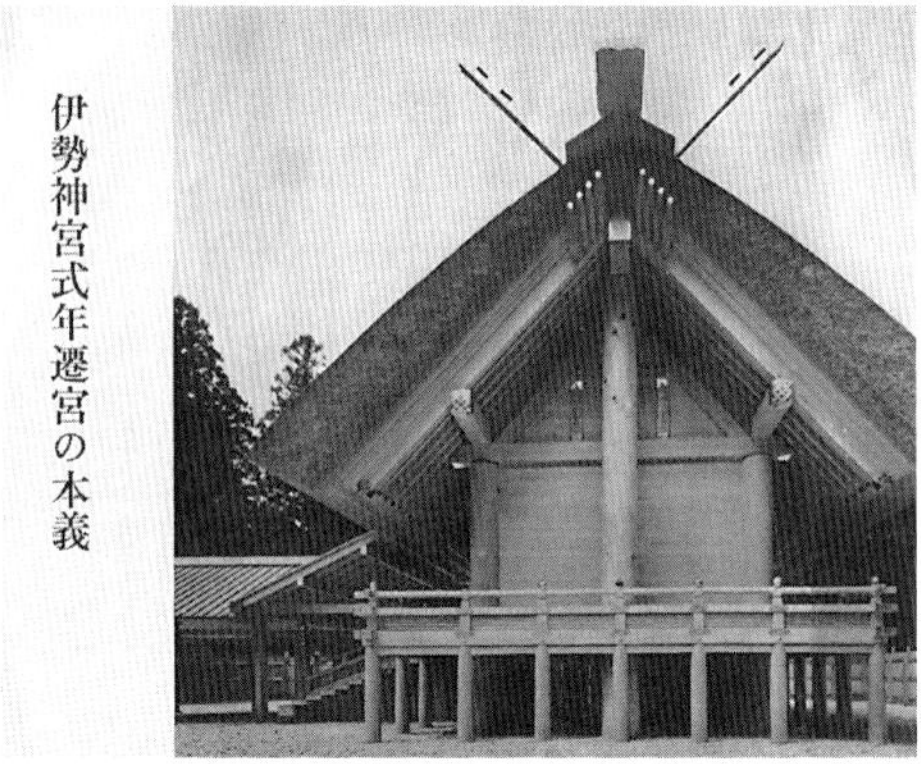

図30　『伊勢神宮式年遷宮の本義』表紙

この文章は、神道指令以前の、戦前の伊勢を理想とする。次の文章もしかり。「（神宮が）皇位とは一体不可分の関係にあることはいうまでもなく、国民の総氏神ともいうべき実態には、いささかの変化もない。祭典儀式は戦前からの伝統をそのまま守り伝えて」いるという。そして、式年遷宮こそ日本の文化伝統の「最大の鍵」で、それを子孫へと伝える責務はわれわれにあると結び、「我等の世代の役目をはたそうではないか」と、寄付金を募る。

『本義』では六〇年代・七〇年代における奉賛会と神社界の立場がよく分かる。だがメディア全体を見渡すと、このような言説が主流をなしたわけではないことはもちろんである。

七〇年代のメディアと伊勢神宮

　式年遷宮に対するメディアの関心は、二〇年前に比べて非常に高まっていた。『読売新聞』『毎日新聞』『朝日新聞』などは、神宮の歴史や遷宮関係の儀礼を吟味する記事を多く載せた。また伊勢に関する座談会を開催し、複数の声を読者に聞かせることが報道の一特徴であった。たとえば一九七三年の『読売』をみると、神宮大宮司の徳川宗敬、宮大工の藤岡信一、哲学者の上山俊平《しゅんぺい》と梅原猛《たけし》、宗教学者の村上重良《しげよし》、日本思想史家の石田一郎、小説家の杉本苑子《そのこ》、歴史学者の上田正昭《まさあき》、建築評論家の川添登《かわぞえのぼる》らが紙面に登場して、多くの観点からの意見を述べる。『毎日』も『朝日』も似たような企画を組み、似た顔ぶれで伊勢に迫る。また週刊誌が遷宮を特集したのは、初めてであった。

『週刊読売』と『毎日グラフ』は、内宮を中心に、宇治橋、五十鈴川、神苑、さらに御装束神宝の数々を読者の目を引きつけるカラー写真で載せた。これら伊勢の自然なる美と人工的なる美が、近代の天皇や皇室と完全に乖離させて読者に紹介されていることが特徴的である。『毎日グラフ』の主要記事は、司馬遼太郎《しばりょうたろう》の「庭燎《にわび》の思い出」、川添登の「神明造《しんめいづくり》の原点をさぐる」、奈《な》

図31　『週刊読売』『毎日グラフ』表紙

良本辰也《らもとたつや》の「千古の歴史とナゾ」など、いずれも天皇の祖先神としての伊勢神宮にほとんど関心を示さない内容である。なお、明治から終戦までの時代はほとんど執筆者の視野に入らない。司馬は、自身の五三年の遷宮の思い出と、江戸時代のお伊勢参りを書いている。川添は弥生時代までさかのぼり、伊勢のルーツを探る。奈良本は、伊勢の文化史を古代から語りだす。なかでも奈良本の結語は面白いので紹介したい。

伊勢神宮がかつて軍国主義者によって利用されたという理由で、今もなおそれを強調して恐れる者がある。恐れるあまり、伊勢神宮を極端に否定する者もある。確かに警戒はしたらよいであろう。しかし、そのために伊勢神宮という一つの歴史的存在までも否定してはならないと思う。それは、この国土に生《お》い立つ美の根源でもあるからだ。

奈良本がここで披露する意見は、メディア全体が取った立場でもあった。つまり新聞報道には、伊勢が戦前の価値観賛美の象徴となることを警戒する一方で、日本の貴重な文化遺産であるというプライドがみてとれる。一九七三年一〇月二日と五日の内宮・外宮それぞれの遷御儀礼そのものも、マス・メディアから大変な注目を浴びた。新聞だけでなく、ラジオはもちろん、テレビは初めてカラーで紹介した（一九七三年までに、ほぼ八〇％の世帯にカラーテレビが普及していた）。NHKのほかに名古屋テレビ、東海テレビなど六社が遷御を取材し、五〇本ものテレビ番組で取り上げられた。なお外国報道の関心も高く、アメリカのTime, Newsweek、フランスのParis-Match、ドイツのDer Spiegelなどが遷御を取材した。海外にも遷御の情報と映像が伝達したのである。神社界は、これら国内外の注目を大いに歓迎したようで、窓口として神宮司庁内に広報室を、神社本庁内に情報部を設置して、メディアの取材に協力する姿勢を取った。

しかし、奉賛会が一九六六年に刊行した『伊勢神宮式年遷宮の本義』などに現れた伊勢像とマス・メディアの描いた伊勢像との間には、大きなギャップがあった。このギャップの存在を『神社新報』（一九七三年一〇月二二日）は社説で次のように語っている。

式年遷宮が単に民衆の祭典にのみとどまるかの如き報道がマスコミの上に現れているのは

問題である。そしてこのことを強調せんがために歴史学者や、文化人等が動員され、天皇の皇祖を祀る神宮という観念は近世に至って民衆信仰の中心としての伊勢といった質的変化をきたした、などという論を横行させるに至っている。

と。要するに、マス・メディアの扱い方には問題があった。江戸時代において神宮は民衆信仰の対象だったかもしれないが、だからといって明治になっていきなり天皇の聖地に変貌したわけではない、伊勢は一貫して天皇儀礼の場であり続けてきた、という。「この天皇祭祀の本質は永い歴史の間なんら変化はなかった」のだが、同時に「国民信仰」の場でもあった。天皇の儀礼と国民の信仰は「矛盾するものではない」、とこの社説は主張する。

聖地と俗地の伊勢——一九九三年の式年遷宮

伊勢の地政学と参拝者

ここまでは神社界の動きや政府、天皇の姿勢、そしてメディアの立場の観点から戦後の伊勢神宮の動きを検討してきたが、ここではしばらく国民＝参拝者と戦後の伊勢の関係について触れてみたい。それには、伊勢のいわば地政学を考慮する必要がある。ここでいう地政学とは、神宮が直接占める「聖地」と神宮に隣接する「俗地」によって構成される複合的空間である。

聖地は内宮・外宮それぞれの正殿ないし境内地や神苑を示すのに対して、俗地は、内宮の宇治と外宮の山田、つまり伊勢市に始まるが、伊勢志摩国立公園の果てまで広まっていく広大な空間だと理解する。聖地と俗地との境目がはっきりしているわけではないが、特に参拝者の観点から伊勢神宮を考慮したとき、俗地を視野に入れる必要がある。一九五三年（昭和二八）、七三年、

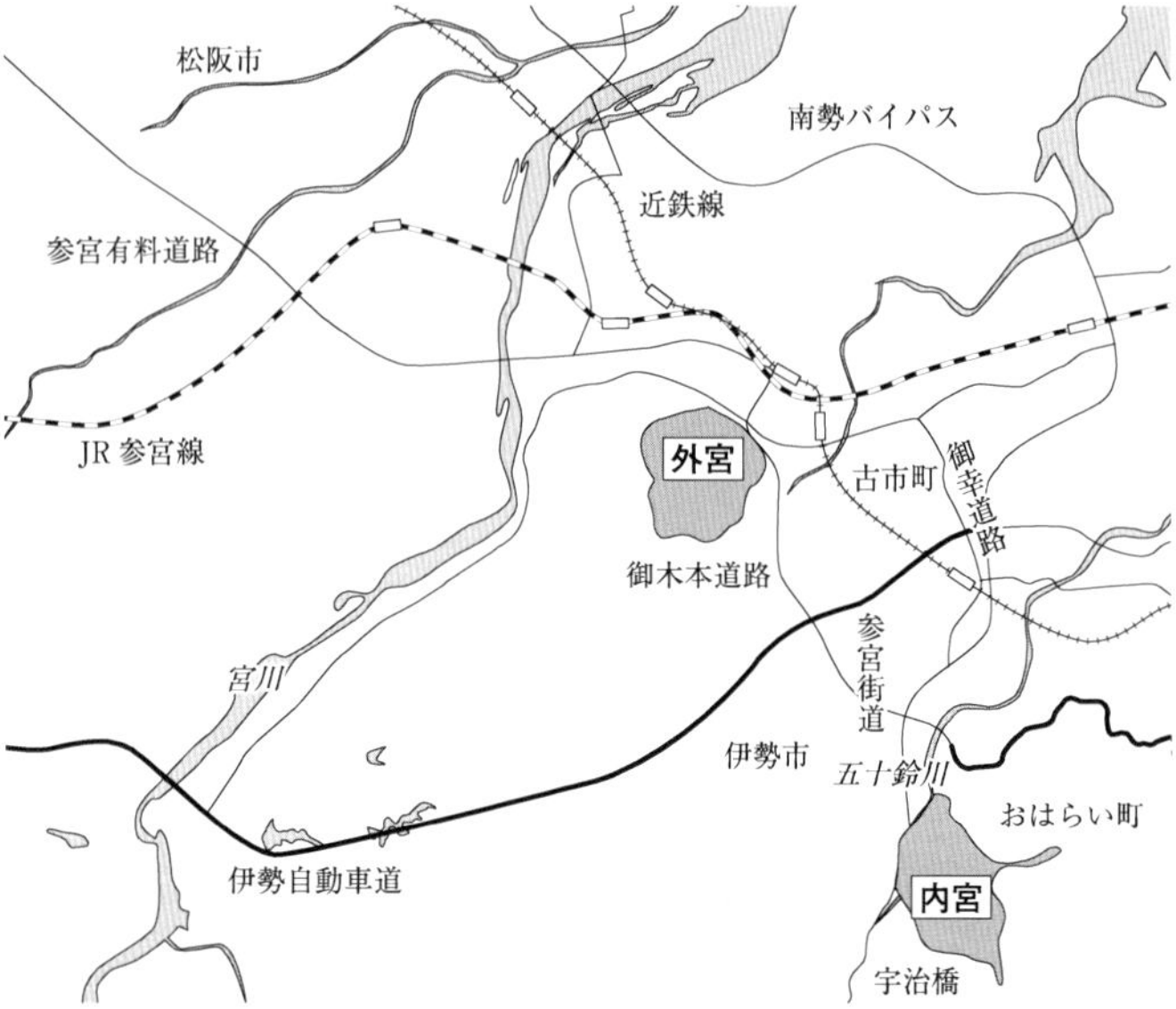

図32　伊勢市地図

そして九三年の遷宮を機軸にこの地政学は大きく変わった。その変容に重要な役割をはたしたのは、神社界や政府や皇室ではなく、地元住民や地元企業、あるいは近鉄のような地域企業であり、さらに参拝者自身であった。

図32は伊勢市の地図である。北に外宮、南に内宮がある。外宮から内宮に通じる道は、終戦までは二つ建設されていた。明治前からあった古市を経由する参宮街道と、明治末期にできた御《み》幸《ゆき》道路である。

もう一本の道をつくる計画は、一九三〇年代の「大神都聖地計画」に盛り込まれていたが、実現に至らなかった。

その道とは戦後にようやくできた、

外宮と内宮を最短距離で繋ぐ御木本《みきもと》道路である。御木本はいうまでもなく真珠の養殖で身代を築いた伊勢有数の企業家の御木本幸吉だが、彼は五三年の遷宮を見込んでこの道路をつくった。また、五三年一〇月には、日本道路公団が松阪から宇治山田市までの約一〇キロの道路を敷設した。名古屋に近い四日市まで北へと繋がるこの道路は、日本初の有料道路として脚光を浴びた。この参宮有料道路が外宮付近まで開通すると、四日市から外宮、そして内宮までの参拝者のアクセスが以前より遥かに容易になった。この道路は、現在三重県道三七号の一部となっている。

また三重県は、七三年の第六〇回式年遷宮に合わせて、松阪から伊勢までのもう一つの道路を建設した。この南勢バイパスは、伊勢市そして外宮を迂回することがポイントで、松阪から直接内宮までたどり着けるようになっていた。このおかげで、観光バスやマイカーでの参拝者が次々に増えたが、予想できなかった負の結果も生んだ。内宮の宇治橋の北側に広がるおはらい町は、参宮街道をまたがる門前町として江戸時代から戦後まで栄えていたが、新しいバイパスはその街道を迂回し、宇治橋南側にある新設の駐車場へと導いた。そのために、おはらい町を通る人々が激減したのである。七三年の式年遷宮が終わってしばらくすると、おはらい町の衰退は誰の目にも明らかとなった。そこで地元の若者たちが集まり、次の遷宮までに「昔のように活気のあるおはらい町に再生しよう」と決意した。九三年の第六一回の式年遷宮までにそれを実現すべく動きだした（まちづくりブック伊勢制作委員会編著『まちづくりブック伊勢』）。

図33　おはらい町（上：1988年頃，下：1999年頃）

おはらい町の再生とおかげ横丁の開発

「伊勢市まちなみ保全条例」が一九八九年に制定されて融資制度ができたときから、おはらい町再生の本格的な作業が始まり、計画は見事に実を結んだ。ここにかかげてみた図33を見比べれば、変貌ぶりが分かる。上図は修復以前の町の景観を示し、下図は修復完成後の町並みである。修復後はより一層、切妻《きりつま》造と妻入りの建築様式が目に飛び込むことだろう。切妻は、本を伏せたような三角形の屋根のことをいい、妻入りはその屋根の棟と直角な面に建物の入り口がある様式をいう。ちなみに伊勢神宮の正殿は、同じ切妻の屋根だが、屋根の棟と平行な面を入り口にする「平入り」になっている。おはらい町の妻入り建築は、神宮に対して「畏れ多い」からだという説もある。七三年の写真では、はびこる電線や電柱の数々、そして自動車などがこの伝統的な景観を邪魔しているが、九三年の写真では、電線は地中化され、電柱が姿を消している。そして地面は石畳舗装になっている。

図34　おかげ横丁

この作業と並行して行われたのが、おかげ横丁（図34）の開発である。おかげ横丁は、おはらい町に隣接する空間を切り開いてできた区画で、四十数軒の店――松阪木綿、志摩の真珠、伊賀《いが》組紐《くみひも》の店や、和菓子、洋菓子、漬物、伊勢うどん、てこね寿しなど――からなる伝統的な町並みである。江戸時代のお伊勢参りを再現する博物館「おかげ座」もある。おかげ横丁の立役者は、全国に名声を博していた和菓子屋「赤福」の社長濱田《はまだ》益嗣《ますたね》である。濱田は一四〇億円ともいわれる巨額の資金を投資して、このおかげ横丁をつくった。

参拝者数の変化と地域開発

戦後初の式年遷宮とともに始まったこれら伊勢地政学の変容は、全体としては多くの参拝者を伊勢神宮へ呼び戻すのに大きな効果があった。同時に参拝体験に大きな影響を及ぼしたことは間違いない。一九五三年までに完成した御木本道路と参宮有料道路、七三年の南勢バイパス、そして九三年のおはらい町の再生とおかげ横丁の建設によって、内宮へのアクセスが非常に便利になった。そして、戦後になって内宮参拝者数が史上はじめて外宮参拝者数を上回ることになった。参拝統計の逆転がみえはじめたのは参宮有料道路ができたときだが、それが決定的となったのは南勢バイパスのときである。七三年の統計をみると、五〇〇万人前後が内宮を参拝したのに対して、外宮は三五〇万人だった。九三年にはさらに水をあけ、内宮が五五〇万人に対し、外宮は二八〇万人と減っていた。この九三年の場合は、おはらい町とおかげ横丁の魅力のほかに、津市から伊勢までの高速道路（伊勢自動車道）建設の影響もあっての現象である。高速道路が御木本道路に繋がったので、内宮はこれまで以上に行きやすくなっていた。

三重県観光局の統計をみれば、今一つ面白い現象が浮上してくる。それは、九三年に一五〇〇万人もの人々が伊勢志摩国立公園を訪れていたことだ。神宮を参拝した人々の三倍にもなる。翌年にはその数が一九〇〇万人に増えた。参拝者が参拝後、旅行者に変わって二見浦《ふたみがうら》や鳥羽などに足を伸ばす現象は古くからみられたが、今度は旅行者の多くが伊勢神宮を素通りしている。

これは、伊勢志摩国立公園の度重なる開発に由来するものと考えられる。この開発に一貫して主役を演じてきたのは、近畿日本鉄道だった。近鉄は、七〇年までにまず山田―鳥羽線そして鳥羽―志摩線の敷設ないし複線化を行った。これによって、近鉄の特急は大阪、京都、名古屋から伊勢経由で鳥羽と賢島《かしこじま》へと走るようになる。大阪から賢島までは二時間半、京都からは三時間、名古屋からはわずか二時間と、旅の時間が縮まった。近鉄は、こうして国立公園へのアクセスを容易くすると同時に、「賢島カントリークラブ」「賢島スポーツランド」「志摩マリンランド」のリゾートを開発していった。志摩を関西と中部地方のいわば「奥座敷《おくざしき》」とするのがねらいであった。

一九七三年の記録的な参拝者数は、もちろん式年遷宮自体が大きな原因だったが、これらの開発も重大な吸引力となったことは間違いない。

そして二〇年後の九三年は、バブル崩壊の後遺症にあえぐ時期ではあったが、開発はさらに進んだ。近鉄は停滞していた伊勢志摩の観光を活気づけるために、三重県と手を組んでレジャー施設のスペイン村をつくった。八〇〇億円を投資した、スペイン文化をテーマとするテーマパークとホテルのほかに、和風旅館宝生苑《ほうじょうえん》とプライムリゾート賢島も開業していった。新型特急「伊勢志摩ライナー」を大阪―賢島間、名古屋―賢島間に走らせると、伊勢志摩国立公園全体の求心力は絶大なものとなった。ＪＲ東海も参宮線などを複線化して、名古屋―鳥羽までの快速を走らせるようになった。九三年の式年遷宮の際、参拝者が新記録をさらに更新したのは、こうした開発と無関係ではなかった。

二見浦の運命に簡単に触れておきたい。明治前から、二見浦は参拝者が必ずといってよいほど足を伸ばす観光地であった。明治期には賓日館《ひんじつかん》ができ、皇后も皇太子も訪れた。路面電車ができるとさらに参拝者は行きやすくなった。大正・昭和期に入ると、二見浦に宿泊施設が続々できて繁昌したが、戦後はその運命が一変した。七三年にできた近鉄特急は鳥羽まで速いが、二見浦を通らない。二見浦が寂れはじめるきっかけだった。九三年には、株式会社時代村が二見浦を活気づけようと安土城を目玉とする戦国時代村をつくったが、衰勢の挽回をもたらすにはいたらなかった。

神宮が目指す式年遷宮の変化

一九九三年に五五〇〇万人以上の人々が内宮を参拝し、史上最高の数となった。これだけの人々が魅せられるのには、さまざまな理由があったに違いない。伊勢全体の観光地化がその一つだが、神社界による広報活動もそれなりの効果があっただろう。

九三年に向けた神社界の広報作戦は、前回から引き継いだ面もあるが、驚くべき新しい面もあった。神社界は、二〇年前とほぼ同じ体制で募金活動に臨み、宗教、政治、経済の複合体としての奉賛会がその先端に立った。今回の募金額は三二〇億円で、そのうち二〇〇億円は神宮の「自己資金」で賄う。残りは、中央本部で四〇億円を、地方本部で八〇億円を募ることになった。この募金キャンペーンは当初から不安を抱えていた。円高不況を背景に発足したキャンペーンだが、九〇年から九三年のバブル崩壊で景気の後退はさらに長期化の様相をみせていた。しかし結果的に、わりあい余裕を持って募金の目標額が達成されたのである。

一九八〇年代から九〇年代にかけての神社界は、「我が国をとりまく世界の情勢が刻々と変動しつつある今日、国民の精神的荒廃はまさに極限に達している」という深い危惧を持っていた。危惧の根本的な原因の一つに「情報化時代」がある。情報化時代のおかげで「日本悠久の伝統・文化が時代の波に流されつつある」と、その不安を打ち明けている（『瑞垣』一六三号、一九九三年）。神社界としては、式年遷宮をきっかけに、国民が伊勢神宮を心のよりどころとするようになれば、この精神的荒廃は正されると確信していた。

その確信は、たとえば、大宮司二条弼基《にじようたねもと》の次の言葉にもみえる。

敗戦から高度経済成長という潮流のなかで民族の伝統精神は低迷と混乱の淵へ押しやられてきました。しかし、万代に易《か》わることのない伝統精神の基底を支えて、神宮の祭儀は遠い昔の儘に厳修されています。

いつまでたっても変わらない伊勢神宮およびその儀礼こそが混迷と混乱に打ち勝つ鍵であり、儀礼の中で最も重要なのは遷御にほかならないと主張する。

二条大宮司のこの言は、『神宮—第六一回神宮式年遷宮をひかえて』（神宮司庁編、一九八四年）の序に記されたものである。これは、伊勢神宮が一九九三年の遷宮に向けて出した広報宣伝物の第一弾で、カラー写真がたっぷり載った豪華な書籍である。二万部も刷られ、全国に配布された。美しい写真も大きな魅力だが、文体も明解で読みやすいし、興味深い。

この『神宮』は、二〇年前の『本義』と同じように伊勢神宮と天皇との関係を強く訴えるが、国民との関係も常に自覚する。天照大神は「天に照り輝く太陽のように広大無辺な光を与えてくださる皇室の御祖神《おやがみ》であり、私たち皆の祖先の神さまです」という具合である。さらに「近より難い、荘厳なたたずまいではありません。「お伊勢さん」と親しまれる、馴染みやすさと懐かしさがあります」と、天皇の聖地でありながら国民の聖地でもあると主張するのである。神宮と天皇の結びつきを強調した『本義』の姿勢が少し弱まり、代わりに前々回の第五九回式年遷宮の『栞』で示された、国民に親しまれる神宮の姿を宣伝するものとなっていた。

「千古かわらぬ」伊勢神宮

『神宮』に掲載されたすばらしい写真は、伊勢神宮およびその儀礼を自然の中にきちんと位置づけている。情緒あふれる語りも興味深い。伊勢は「心のふるさと」、伊勢の儀礼は「古代さながらの神秘幽玄《しんぴゆうげん》」、遷御儀礼が行われる夜は、「浄闇《じょうあん》」。神殿は「すがすがし」く、神宮そのものも「みずみずしく」「神々しい」。伊勢神宮はさらに、「千古かわらぬ」「永久的」「常に新しく常に変わりなく」「常に始めのスタイルのままで」「不易の象徴」などと不変の価値をアピールし、そのため「深遠」なる存在であるとする。神宮ないし遷宮を修飾するこれらの語彙は、前回の『本義』にも前々回の『栞』にも出てこなかったが、今回の第六一回式年遷宮関係の他の多くの文献には頻繁に出てくる。

さらに、『神宮』の重大なテーマの一つに「よみがえる」がある。式年遷宮は、神宮の社殿が新しくなることによって日本国家も生まれ変わり、国民が大御神《おおみかみ》の新しいみ光をいただいて、生命を新鮮に清浄により強くして、日本の国が若返り、みずみずしさを取り戻し、永遠の発展をしようという祭りである。パンフレットや単行本、そして今回初めて作成されたビデオなどは、伊勢神宮そして日本社会の「よみがえり」を顕著なモチーフとした。

他方で神社界が、式年遷宮に向けてこれまで以上に神宮大麻の頒布に力を入れたことに触れておこう。大麻の頒布は収入源にもなり、また、神宮に対する認識を高める戦略でもある。

神宮大麻の頒布

式年遷宮の準備が開始された一九八七年より、「一千万家庭神宮大麻奉斎運動」を軌道に乗せた。目的は、文字通り遷宮までに一〇〇〇万世帯に伊勢神宮の大麻を頒布することにあった。神社界は、大麻が持つ、人を神宮に繋げる力を重視した。運動の先端に立つのは、二〇年前と同じく神職たちである。彼らは、都市化による氏子の流出、団地の増加、神棚の廃止、大麻に対する認識の低下など多くの問題にぶつかったが、神棚を配布したり、大麻を宣伝するチラシやパンフレットをつくったり、テレビのスポット広告を打ったり、とさまざまな工夫をこらし、かなりの成果をあげた。統計によると、九三年の式年遷宮の翌年には、戦後最高の九四七万体の神宮大麻が宇治で製造され、全国の神社庁から各世帯へと頒布されたことが分かる（『神社新報』一九九四年三月七日）。

神宮大麻の頒布は古くからある作戦だが、精神的に荒廃した社会、そして多くの新興宗教が競り合う社会において、自らをアピールするには、神宮大麻だけでは難しい。どうしたらよいのか。神社界は式年遷宮に向けて、これまでにないマーケティング作戦に出た。主導権を握ったのは、東京の神社本庁内に設置された、伊勢神宮式年遷宮広報事業推進本部である。

マーケティングは商業概念だが、宗教界でも同じ原理が働く。宗教的マーケティングないしブランド化は、一九八〇年代後半からアメリカやヨーロッパなどで流行りだした。神社界でも、ほぼ同じ時期に同じような作戦に打って出たのである。神宮のシンボルマーク、標語、キャラクター、グッズ、イメージソングの作成は、神社界が試みたブランド化であった。

伊勢神宮のブランド化

東京の推進本部は、設立されるや『神社新報』のほかマスコミを使ってシンボルマークと標語の募集を開始した。神宮司庁と神社本庁のスタッフに加えて著名文化人や有名デザイナーなどが審査員を務め、審査の結果、次に掲げたシンボルマークと標語に決定した。

シンボルマークは、千木で分かる内宮正殿が太陽の真中に据えられている。太陽が昇るとともに神宮も式年遷宮をもって蘇り、そして日本も蘇るというイメージだ。標語は五七五の俳句調で、まさにそのイメージを闡明《せんめい》に表現する。

よみがえる／にほんのこころ／御遷宮

日本人全員の心が式年遷宮を契機に改められることを切願する内容である。このマークと標語は、数々のポスターやパンフレット、その他の宣伝物に縦横に活用された。

推進本部が次に発案したのは、キャラクターである。神社本庁から依頼された漫画家の牧野《まきの》圭《けい》一《いち》は、内宮神苑で野放しになっている鶏からヒントを得て、図35に示したキャラクターをデザインした。名付けて「イセコッコ」である。

図35　シンボルマークとキャラクター（神宮司庁提供）

このキャラクターは、ビデオ「イセコッコのお伊勢まいり」の主役として評判を得た。このビデオは東芝EMIが一九九〇年にアニメと実写の合成で製作したもので、主役のイセコッコが「新鮮なタッチ」と「体当たりレポート」で神宮を子どもに案内し、式年遷宮の諸儀礼を紹介する。書籍宣伝媒体の『神宮』などと違って、伊勢を皇室から完全に切り放しているのが特徴的だ。声優には「ドラゴンボール」の野沢雅子《のざわまさこ》や「サザエさん」の加藤みどりを起用し、中だるみのない、なかなかできのいい作品に仕上がっている。子どもやその親に人気があったようで、全国的に二〇万部も売れたという。またこのイセコッコは、消しゴム、キーホルダー、テレホンカード、ぬいぐるみなどのグッズにもなり、近鉄百貨店などで販売された（『瑞垣』一六八号、一九九三年）。

推進本部はほかに、ロックミュージシャンの琢磨陣《たくまじん》にイメージソングの「悠久」と「心のふるさと」を依頼し、CBS・ソニーが製作した。「だれもが気軽に口ずさむことによって、神宮を身近に感じてもらう」のがコンセプトで、青少年をターゲットとし、どちらの歌も「イセコッコのお伊勢まいり」で聞くことができる。歌はなかなか魅力的だが、天皇と皇室や祖先神としての天照大神には一切触れられていないことが特徴である。

いずれにせよ、神宮の存在を正当化しようとするこうしたブランド化は、市場原理が支配する社会で神社界が試みた、注目すべきものであった。一部の神職からは「浮ついたもの」と厳しい評価もあったようだが、九三年に記録的な数の人々が伊勢を訪れたのは、ブランド化がそれなりの効果をもたらしたからだと考えてもいいだろう。
神社界が神宮のマーケティング作戦から天皇を外し、子どもや親たちに訴えたところにいささかの皮肉がある。なぜなら、天皇は一九九三年の式年遷宮にこれまで以上に密接に関わったからである。遷宮は天皇主体の公的儀礼としての色彩が二〇年前よりもさらに濃くなっていた。

天皇の積極的な関わり

昭和天皇は八四年二月に伊勢神宮の大宮司に謁見を許した。そこで「大宮司の責任において進めよ」と、遷宮準備の開始を命じた。大宮司が「準備をはじめてよろしい？」と尋ねるのではなく、天皇が能動的に指示したことがポイントである。神社界はこれを、天皇の自由な意思（「御発意」）による遷宮準備の開始と理解した。「御発意」を受けた大宮司は、翌月にもう一度天皇に拝謁して準備に必要な書類を提出した。それらを見た天皇は、「御聴許」した。遷宮準備委員会が経団連会館で開かれたのは、この直後である。つまり、すべてが天皇の指示を待っていたことになる。

それだけではない。天皇は翌年から御内帑金《ごないどきん》を大宮司に渡した。前回もそうだったが、今回は奉賛会がまだ設立されていないことが重要である。神宮が天皇から寄付金をいただいてはじめて、奉賛会の募金活動を開始するという仕組みになった。そして神社界は、今回天皇の行為を「下賜」ではなく「献進」という動詞で表現している。天皇自らの意志を伝えるのによりふさわしい表現だと判断したからである。

昭和天皇は式年遷宮準備中の八九年に亡くなったが、今上天皇は即位大礼直後から昭和天皇の例に倣って式年遷宮に深く関わった。御内帑金の「御献進」も毎年繰り返したし、一九九三年夏に「御装束神宝」の「天覧」も行った。天皇はまた、遷御直前に勅使と次男の秋篠宮文仁親王を自らの代理として伊勢に派遣し、遷御当日午後八時ちょうどに皇居から伊勢に向かって天照大神を遥拝《ようはい》した。天皇はもちろん二〇年前と同じく遷宮終了後大宮司にねぎらいのお言葉を賜り、また翌年の春に伊勢を参拝したのである。この第六一回の式年遷宮は、天皇がこれまでになく関わったことで、公的性格をいっそう強調することに成功した、と神社界は喜んだ。では、このような性格を持つ式年遷宮を、新聞などマス・メディアがどのように扱ったのか。それを次に考えてみたい。

マス・メディアの報道

遷御当日の一〇月二日、国内マスコミは四五社三八九名で、外国の通信社は七社十数名で取材に当たった。神社界はこれらマスコミ各社と二〇年前にはなかった「心と心の信頼と理解」の関係をつくっていた。神社界は二〇年前と違って取材に不満を漏らすこともなかったのである（『瑞垣』一六六号、一九九三年）。

新聞の報道ぶりをみると、色々な意味で前回とかなり違っていたことに気づく。結論を先にいうと、今回の新聞報道は、神社界の立場にかなり近寄っていた。当時八〇〇万部の発行部数であった『朝日新聞』でそれを示そう。戦後を通じて、『朝日』の遷宮報道が大きく変容してきたことになるが、その理由を説明することは、なかなか難しい。とにかく、その変容ぶりをみてみよう。それには少しさかのぼる必要がある。

戦後の『朝日新聞』は、「宗教問題を前面に出さない。特定の宗教団体はとりあげない」とい

にぎわう参拝客
宇治橋を一万数千人渡る
遷宮の行われるけさの伊勢神宮（内宮）
右上は宇治橋、左手前は新設の休憩所＝本社機つばめ号から撮影
裁判権問題むし返す
舞鶴港に

図36　『朝日新聞』1953年10月２日夕刊

う編集方針だった（朝日新聞「検証・昭和報道」取材班『新聞と「昭和」』下）。この方針に従って、一九五三年の式年遷宮に迫った。遷御当日の一〇月二日朝刊七面に「今夜式年遷宮」の短い記事がみえる。遷宮は「神宮が民営になってから初めて」のもので、「八時から遷宮の列は旧殿から新殿へ向かい」「一〇時に終わる」とあるだけであった。同日の夕刊三面に掲載された写真（図36）は『朝日』の飛行機ツバメ号が内宮上空から撮ったもので、内宮に背を向けて宇治橋だけを写している姿勢が示唆的で興味深い。関連記事は、「賑わう参拝客」という見出しで、内容に参拝客の多いことが書かれているだけで、遷御についてそれ以上語っていない。一九五三年の記事と写真だけでは式年遷宮、遷御儀礼とは何かが読者には分からない。

しかし二〇年後の一九七三年、『朝日』の報道は大きく変化している。「ご神体、新社殿へ」と題する記事は一〇月三日朝刊一面に載る。記事では敬語を付さない「神体」にほぼ統一されているが、見出しはこのように「ご神体」とされている。二〇年前は内宮の「（ご）神体」への言及は一切なかった。また、七三年は「伊勢神宮遷宮のクライマックス「遷御の儀」が二日夜内宮で行われ、神体は旧社殿から新社殿へ移された」とあり、読者に遷御の模様がよく伝わる。同じ朝刊の二二面には関係記事が二つ掲載されているが、まず目につくのは、赤外線フラッシュで撮った、暗闇の中を進む行列の劇的な写真（図37）である。キャプションは「新社殿に向う絹垣《きんかい》につつまれた神体」とある。関係記事の見出しは「かすかに動くベール　浄暗にもれるため息　近づ

伊勢遷宮

近づき、去った 万葉の古式

かすかに動くベール

浄暗にもれるため息

陛下も遥拝の儀

〝ショー見物〟気分も

しずしずと　特別奉拝者が見守る前を新社殿に向かう絹垣（きんかい）につつまれた神体 ＝2日午後8時15分、伊勢神宮内宮で＝赤外線フラッシュと同フィルム使用

図37　『朝日新聞』1973年10月３日朝刊

き去った万葉《まんよう》の古式」とされ、記事自体は、遷御行列を目撃した記者が相当冷静にしかも詳細に語った内容である。今一つの記事は「陛下も遥拝の儀」で、天皇の遥拝についても紹介している。

一九七三年の『朝日新聞』は、遷御の年の一年間で式年遷宮をテーマとする一五の記事を掲載した。ねらいは、数多くの声を読者に届けることにあった。

報道姿勢の変化

座談会「伊勢遷宮その謎と舞台裏」は一つの試みで、建築評論家の川添登、神宮禰宜の櫻井勝之《かつの》進《しん》、民俗学が専門の高取正男《たかとりまさお》が登壇した。「ベールに包まれ、数多くの謎を」ひめている伊勢神宮と式年遷宮に光を当てるのが目的であった。「昔の様に皇祖神オンリーにもどるのは、全く愚（おろ）かなことです。自然や伝統を守るのに（中略）天皇でなく、民間の信仰にささえられてやっていただきたい」など、腹蔵ない発言があいつぐ興味深い座談会であった。

では、次の一九九三年の『朝日新聞』は、それまでとどう違うのだろうか。同年の『朝日』の遷宮関係の記事数は、二〇年前の三倍以上になることにまず気づく。面白い記事はたくさんあったが、座談会の企画もなく、多様な声は聞かせてくれない。九三年の『朝日』は読者に伊勢神宮、式年遷宮を吟味する機会を与えようとしない。また、前回は「神体」だったのが、今回は「御神体」にほぼ統一されていく。前回は「皇祖神」という言葉が一回記事に出て、あとは遷御の主体は無名の「神体」「神儀」だったが、九三年には夏ごろから「天照大神」が大きく登場する。「天皇家の祖先とされる天照大神」「天照大神をまつる内宮とその食事をつかさどる豊受大神をまつる外宮」などと解説し、式年遷宮が何よりも先に天皇の儀礼だということを伝える。たとえば「遷宮は天皇の指示をうけて行う形であり、私費の御内帑金が出されて」、神宮は「一宗教法人となったが、遷宮準備が天皇の指示で始まり、遷御の日も天皇が決める建前に変わりはない」という。このように遷御儀礼を天皇の儀礼として語るが、それは同時に間接的にではあれ、天皇と皇室を聖なる存在と新しく位置づけることにもなる。

御神体を納めた仮御樋代を、神職たちが白い絹で垣根状に覆い、新旧正殿を結ぶ仮屋根の下を進む　＝2日午後8時15分、伊勢神宮・内宮で、ISO3200高感度フィルムで撮影

20年ぶりに「遷御の儀」　伊勢神宮

千三百年の歴史を伝える伊勢神宮の二十年に一度の式年遷宮は、二日夜、内宮でその中心となる儀式「遷御（せんぎょ）の儀」があった。夜の闇（やみ）が広がる深い木立の中で、古式のままにたいまつの薄明かりに導かれた行列が、西の古殿から参道を東の新殿に向かった。神職たちが持つ白い絹のとばりにご神体を隠し、新正殿に移した。皇族代表として秋篠宮さまが特別参列し、新旧正殿間の参道沿いの特別奉拝席では約三千人が見守った。

二十年ごとにヒノキの社殿と千六百点にのぼる装束・神宝をすべてつくり替える遷宮は、古代をいまに伝える再生と伝承のまつり。

午後八時。勅使が「出御（しゅつぎょ）」を告げ、遷御の列が動き出した。たてやほこ、弓、太刀などの装束・神宝を持つ神職たちに前後を守られ、大・少宮司らがご神体（八咫鏡＝やたのかがみ）を納めた仮御樋代（かりみひしろ）を運んだ。

遷御の儀には、原文兵衛参院議長、武村正義官房長官らが参列。臨時出仕として、評論家の森本哲郎氏、指揮者の岩城宏之氏らが奉仕した。

図38　『朝日新聞』1993年10月３日朝刊

今一つ気になるのは、九三年『朝日』が、神社界の語彙をなぞっていることである。『朝日』は伊勢神宮が「正式な法人名は神宮」「正式には神宮」などと繰り返しいうなどして、参拝者になじみの「伊勢神宮」の名称を避けているようだ。遷御儀礼が「古代をよみがえらせる」、神宮が生まれかわる「再生のまつり」だといい、「遷宮は古代を今に伝える再生と伝承のまつり」だなどといっているのも、神社界の台詞をほぼそのまま再利用している。『朝日新聞』

の取材が大きく変わったことの一番の証拠は、朝刊一面に載せられた、この劇的な写真かもしれない（図38）。キャプションに「御神体を納めた仮御樋代《かりみひしろ》を、神職たちが白い絹で垣根状に覆い、新旧正殿を結ぶ仮屋根の下を進む」と詳細な説明をしている。二〇年前にも似たような図柄を掲載していたが、それは二二面に載っていた。

一九九三年の『朝日新聞』は『読売』よりも『毎日』よりも伊勢神宮に好意的な立場をとり、遷御に高い関心を示している。遷御前後の一〇月一日から四日までの記事数、字数および記事で利用される語彙を比べてみればそれが分かる。『朝日』は一日から四日までの間に九記事を合計五一四六字で掲載した。それに対し『読売』は八記事の四一四三字だが、『毎日』は最も少ない三記事で一〇二三字となっている。すべての新聞は遷る神のことを、敬語を付して「御神体」に統一しているが、『朝日』だけが御神体を「天照大神」と特定する。『朝日』も『読売』も正式な法人名の「神宮」を使うが、『毎日』は「伊勢神宮」で通している。とにかく『朝日』は一九五三年から七三年を経て九三年にいたる変容ぶりがあまりにも顕著であったためここで取り上げてみた。なぜ『朝日』の報道がこのように変化してきたかはよく分からないが、全世界の新聞は九〇年代に右傾化したといわれている。さらに、『朝日』は一九九二年ごろから右翼団体「風の会」会長野村秋介とトラブルがあったことは有名だが、これが直接に影響を及ぼしたとは思えない。いずれにしても、一九九三年の『朝日新聞』の論調には二つの新しい特徴がみてとれるように思われる。一つは、伊勢神宮の脱法人化志向と軌を一にしている姿勢だが、今一つは祖先神天照大神を語る結果、天皇および皇室を「神聖」な存在と位置づける姿勢である。

伊勢神宮の現在――エピローグ

本書では神宮の近現代史を、その国家、国民、天皇との移り変わる関係を軸にたどってきた。振り返ってみれば、三つの転換期があったように思われる。一九世紀の明治維新、二〇世紀の終戦、そして（判断するには少々早いが）二〇一三年（平成二五）の式年遷宮である。なかでも、明治維新が決定的だったとすべきだろう。江戸時代にさかのぼってそのことを確認しよう。

江戸時代の天皇は、伊勢を参拝しない、遥拝《ようはい》もしない。しかし、天皇は神宮と全く無関係ではない。たとえば式年遷宮の諸儀礼は、天皇の宣下をもって日時が決まり、神宮の祭主が天皇の勅使として参加する。天皇はさらに毎年一二月の月次祭《つきなみ》と二月の祈年祭に幣使を伊勢に派遣し、幣《へい》帛料《はくりょう》を献進する。この前近代の天皇と伊勢との関係は、あくまで徳川幕府を介してのものであった。幕府自体が式年遷宮を支弁するほか、神宮の年中運営費を担保する。将軍は二〇年ごとの遷御の折も毎年正月にも伊勢に名代を派遣して代参させ、太刀・馬代《ばだい》黄金を献進する。

幕府と朝廷をもって構成された近世国家は、明治維新で崩壊する。近代国家は天皇を中核として形成されていくが、伊勢神宮はこの近代天皇を権威づける存在として生まれ変わり、国家の最も聖なる場となる。天皇は前代未聞の伊勢参拝を行い、東京から遥拝もする。天皇を軸とする国家儀礼は、伊勢の儀礼と新たな連動性を持つようになる。明治維新に始まった近代国家と伊勢の関係性は、一九二九年（昭和四）の遷御で絶頂に達する。その遷御は、天皇はもちろんのこと、総理大臣その他の政治指導者も一丸となって天照大神《あまてらすおおみかみ》を拝む儀礼として演出される。

明治維新の画期性は、国民の側からも確認できる。江戸時代に大勢の人々が伊勢参りを行っていた。例年の参拝者数は四〇〜五〇万人とされ、六〇年ごとの御蔭《おかげ》参りの年には全人口の一割になる三〇〇万人にものぼることもあった。伊勢が最重要な聖地であったことは確実である。参拝者は、御師《おんし》に案内され、現世利益と娯楽、そしてさまざまな奇跡を求め主に外宮《げくう》を目指して、全国から集まった。彼らにはたとえば天照大神が天皇の祖先神だ、という自覚があったのではないらしい。その自覚は近代国家が神宮を管理下におきその性格を抜本的に変え、内宮《ないくう》を中心に天皇家の大廟《だいびょう》的存在を強調することで生まれる。明治維新で一旦激減した参拝者は、大正から昭和初期にかけて激増し、年間最高四二〇万人となる。彼らが参拝する神宮はもはや江戸期のそれではない。近代の参拝者は、まさに天皇の祖先神としての天照大神をもとめて半ば強制的に拝みに行くのである。

さて、一九四五年の終戦を二つ目の転換期とみた場合、神宮の法人化がポイントとなろう。神宮は法律上、他の宗教法人と同列におかれ、非宗教的、国家的、公的存在ではなくなる。国家との、そして（公人としての）天皇との特権的関係は打ち切られる。同時に神宮が国民との自由な関係を新たにつくる条件が整う。参拝者数は終戦直後に一旦減るが、戦後の遷御の年に二五〇万、三五〇万、五五〇万人へとのぼっていく。

他方、終戦直後から神宮の脱法人化志向と天皇と皇室のいわば再神聖化がみえはじめ、その勢いは強まっていく。原動力は神社界や彼らに感情移入する代々の自民党政権である。神宮の法的地位そのものに変化はないが、天皇（公人か私人かが不明のまま）の神宮との関係は明確に進化し、遷御は「天皇儀礼化」していくと同時に、天皇の天照大神との関係性は新たに強調され、天皇の神聖性がアピールされていく。これはもちろん国家が管理し、許容する進化である。

では、二〇一三年の式年遷宮を三つ目の節目と位置づける根拠は何だろう。それはまず国家と神宮との関係にみえる。安倍晋三が戦後初、史上二度目の総理による遷御参列をしたことは画期的である。『朝日新聞』以外のメディアが、総理の参列を吟味しないで当然として扱ったことも重大である。神社界が戦後実施してきた「真姿顕現運動」はこれで更なる進展をみせる。総理が公人として参加したため遷御自体が公的性格を帯びる。遷御主役の天皇も私人でなく、公人として遥拝した、としか解釈できない。

二〇一三年は、こればかりが節目ではない。九〇〇万人もの人々が内宮を参拝したことを統計が語る。これは人口の一割にはいたらないが、史上最高の数である。インターネットの広報などが手伝っての記録であろう。人々の参拝動機はまちまちだろうが、注目すべきは、近年全国的ブームとなったパワー・スポットである。その影響の下で、内宮と外宮にパワー・スポットができ、多くの若者が伊勢ならではのエネルギーと癒しを求めていったと思われる。

最後に二〇一三年を節目として認識すべき理由は、これまでに言及しなかった自然問題にある。内宮も外宮も宮域《きゅういき》林といわれる森林の真中に位置している。式年遷宮に使う用材は、元々宮域林の檜であったが、神宮は鎌倉時代にそれを使い切ったため、以後木曾山の檜を使ってきた。しかし、二〇一三年の遷宮は、七〇〇年ぶりに檜をわずかながらも宮域林から調達できた。神宮の二〇世紀以来の森林管理が優れていたからにほかならない。将来的にすべての檜を古代のように宮域林から調達する体制ができている。これは特筆に値する重大な展開である。

本書で関心を持ったのは、「今も昔も変わらぬ」、歴史を超越した伊勢神宮ではなく、常に変容するそれである。神宮が柔軟に時代状況に合わせてきたからこそ、日本文化史の中心的な地位を保ち続けてこられたのである。伊勢神宮は将来も国家、国民、天皇そして自然との関係においてさらに変容していくことは間違いないだろう。

あとがき

筆者の国イギリスには、日本の神社と祭りに相当する文化現象がない。筆者はそのこともあって、十数年前から神社と祭り——とりわけその近代——に引きつけられ、研究をはじめた。神社と祭りのなかでも、伊勢神宮と二〇年ごとの遷御「祭」は最も特殊である。古代から行われてきた伊勢の式年遷宮は、実は世界史的にみてもユニークな儀礼である。突き詰めて筆者が伊勢とその祭りについて語ってみたいと考えたのは、二〇〇九年にさかのぼる。同年は神宮が四年後の式年遷宮に備えて内宮前の宇治橋を架け替えた年であり、その工事が終わってから伊勢を訪れる機会をえた。久々に訪れた神宮に大きな刺激を受けた。宇治橋の向こうに広がっていく神宮の神苑や、宇治橋の架け替え行事そのものがいつどのようにして形成されたのか興味を引かれた。本書の始まりである。

筆者は伊勢の研究に着手する前にも、近代国家が創建した靖国神社や、古代から存在するが一九世紀に抜本的に変容した比叡山麓の日吉大社について長く調査を行い、研究してきた。そのほかにも、葵祭、祇園祭、時代祭（いわゆる京都の「三大祭」）の葛藤に満ちた近代にもメスを入れ、考察する機会にめぐまれた。その研究の結果でもあるが、神社と祭りにとって一九世紀が実に重大な意味を持ち、神社と祭りの近現代が日本の近現代そのものを繙く鍵でもある、という確信を持つにいたった。同じ近現代史的な観点から伊勢神宮やその祭りについて執筆するのは、ふりかえってみれば時間の問題であった。

ちなみに、筆者は伊勢について語った最初のイギリス人ではない。偉大な前任者が明治時代にもいた。イギリスの外交官アーネスト・サトウは、一八七二年に大隈重信とともに伊勢を訪れた。初めて「参拝」を許された欧米人と思われるサトウは、当時の神職と面談をして情報を収集し、興味深い記録を残している。サトウは神宮の歴史的価値を否定したわけではないが、神宮を多少さめた目で見つめていたことは事実である。ヘンリー・パーマーは、伊勢をむしろ絶賛していた。イギリス陸軍の工兵少将のパーマーは、一八八九年に外国人として初めて遷御儀礼に参列した。彼は伊勢に関するあくまでも肯定的な感想を二回にわたってエッセーに書き上げ、ロンドン・タイムズ紙にも掲載した。そして、バジル・ホール・チェンバレンがいた。おそらく明治時代で最も優れた外国人日本研究者のチェンバレンも、伊勢について書いていたが、サトウほどの関心は示さず、パーマーのような情熱も湧かなかった。チェンバレンは近代になって創出されたミカド崇拝の枠内でしか伊勢を理解できなかったようで、伊勢神宮の文化史的価値を認めなかった。

筆者はサトウ、パーマー、チェンバレンなどの前任者と肩を並べることはもちろんできないが、伊勢の近現代史を通史的に、しかも客観的に語った意味ではささやかな貢献をしたと自負したい。本書の目的は、やはりこの伊勢がどれだけダイナミックな近現代史を歩んできたかを、そして伊勢が近現代日本にとってどれだけの存在であり続けてきたかを読者に伝えることにある。それに成功したかどうかは読者の判断に任せるしかない。いずれにせよ、本書は未熟なもので言及さえできなかった課題も多いし、議論が深まっていない問題は数多くある。伊勢の、植民地、ナショナリズム、「国家神道」との関係性について突き詰めて議論すべきであったと言われそうだ。さらに、聖地と性、快楽、ツーリズム、経済との関わり合いといった普遍的なテーマを視野に入れ、伊勢と遊廓、女性の伊勢参拝、伊勢と博覧会、神宮と財界のような観点から伊勢の近現代史をもっと吟味する余地があったはずである。

基礎的なレベルで終わってしまう本書ではあるが、執筆にあたって多くの方々の御知恵を拝借した。この場を借りてお礼を申し上げたい。神宮司庁の音羽悟氏は事実関係のミスを親切に指摘してくださった。また、飯田良樹、岩崎美樹、石倉真美、世古富保、武部宏明、秋田耕司、高木博志、市川秀之、石野浩司、斎藤英喜、西田彰一各氏は色々な意味で執筆にあたってのアドバイスをくださった。艸場よしみ氏は未熟な日本語に修正を施してくださった。妻千賀も原稿を最初から最後まで読みとおしてくれた。文責がすべて筆者個人に帰することはもちろんであるが、最後に、原稿が大幅に遅れたにもかかわらず、辛抱強く待ってくださった吉川弘文館に感謝の意を表したい。

この本を孫の皆人《かいと》と英《はな》にささげる。今度また伊勢に行こうね。

京都にて

ジョン・ブリーン

二〇一五年三月二二日

資料・参考文献

（参考文献は論旨に直接関係する文献に限り掲載した）

資料

伊勢市編『伊勢市史』第四巻（近代編）伊勢市、二〇一二年
伊勢市編『伊勢市史』第五巻（現代編）伊勢市、二〇一二年
岡田米男編『東京大神宮沿革史』東京大神宮、一九六〇年
帯谷伝三郎『敬神崇祖忠君愛國の精神涵養に関する私見並びに事歴乃大要』一九二三年
鹿嶋則良他編『神宮宮司拝命記』川崎市、一九九八年
木戸日記研究会編『木戸幸一関係文書』東京大学出版会、一九六六年
木戸日記研究会編『木戸幸一日記』下、東京大学出版会、一九八〇年
木下道雄『側近日誌』文芸春秋、一九九〇年
神宮司庁編『神宮・明治百年史』上・下、神宮文庫、一九八八年
『神宮式年遷宮講演録』大阪国学院、一九二九年
『神社教会雑誌　御遷宮祭紀念号』一〇、一九二九年
神社本庁編『神社本庁十年史』神社本庁、一九五六年
神社本庁総合研究所監修・神社新報創刊六十周年記念出版委員会編『戦後の神社・神道』神社新報社、二〇一〇年

新日本宗教団体連合会編『戦後宗教回想録』新日本宗教団体連合会調査室、一九六三年
藤井清司編『神苑会史料』神苑会清算人事務所、一九一一年
松阪市教育委員会文化課郷土資料室編『松阪市黒田町　土屋家文書』松阪市教育委員会、二〇〇六年
宮本又郎監修・近畿日本鉄道秘書広報部編『近畿日本鉄道100年のあゆみ』近畿日本鉄道株式会社、二〇一〇年
安丸良夫・宮地正人編『宗教と国家』近代日本思想体系五、岩波書店、一九八八年

参考文献

朝日新聞「検証・昭和報道」取材班『新聞と「昭和」』下、朝日新聞出版、二〇一三年
伊勢志摩国立公園指定五〇周年記念事業実行委員会編『伊勢志摩国立公園五〇年史』一九九七年
井上敏子「信州の真誠講」『史論』一七、一九七六年
越沢　明「神都計画」『都市計画　別冊　都市計画論文集』三二、一九九七年
岡田　宏「神宮の財政」『神宮・明治百年史』神宮文庫、一九八七年
河野　訓「伊勢における神仏分離」ジョン・ブリーン編『変遷する聖地：伊勢』思文閣出版、近刊予定
『季刊大林№43　御師』一九九八年
清水　潔『伊勢の神宮と式年遷宮』皇学館大学出版部、二〇一二年
ジョン・ブリーン『儀礼と権力―天皇の明治維新―』平凡社、二〇一一年
ジョン・ブリーン「神都物語―明治期の伊勢―」高木博志編『近代日本の歴史都市―古都と城下町―』

所収、思文閣出版、二〇一三年
ジョン・ブリーン「神苑会と宇治山田：近代的聖地の形成について」『瑞垣』二三一、二〇一五年
神社新報編『戦後の神社・神道：歴史と課題』神社新報社、二〇一〇年
杉谷房雄「大東亜戦争戦中戦後の神宮」『神宮・明治百年史』神宮文庫、一九八七年
田浦雅徳「昭和四年式年遷宮と伊勢」ジョン・ブリーン編『変遷する聖地：伊勢』思文閣出版、近刊予定
高木博志『近代天皇制と古都』岩波書店、二〇〇六年
谷口裕信「近代の伊勢参宮と宇治山田の旅館業」『明治聖徳記念学会』五〇、二〇一三年
中西正幸『永世への祈り』神道文化会、一九八九年
中西正幸「神宮明治祭式について」『神道学』一五七、一九九三年
西川順士『近代の神宮』神宮司庁、一九八八年
西田広義『近代神社神道史』神社新報社、一九八六年
橋本　萌「一九三〇年代東京府（東京市）小学校の伊勢参宮旅行」『教育学研究』八〇—一、二〇一三年
平山　昇『鐵道が変えた寺社参詣』交通新聞社新書、二〇一二年
まちづくりブック伊勢制作委員会編著『まちづくりブック伊勢』学芸出版社、二〇〇〇年
三木正太郎「浦田長民を中心とする神宮司官の活動」『明治維新神道百年史』三、神道文化会、一九六六年
Ben-Amos, Avner and Eyal Ben-Ari, "Resonance and reverberation", Theory and Society 24. 1995

著者紹介

一九五六年、ロンドンに生まれる
一九七九年、ケンブリッジ大学卒業
一九九三年、ケンブリッジ大学博士号取得
現在、国際日本文化研究センター、総合研究大学院大学教授

主要著書・論文

『儀礼と権力　天皇の明治維新』（平凡社選書、二〇一一年）
A new history of Shinto（共著）Wiley-Blackwell, 2011
「近代外交体制の創出と天皇」（荒野泰典他編『日本の対外関係7　近代化する日本』吉川弘文館、二〇一二年）
「『神都物語』―明治期の伊勢―」（高木博志編『近代日本の歴史都市―古都と城下町―』思文閣出版、二〇一三年）

歴史文化ライブラリー
405

神都物語
伊勢神宮の近現代史

二〇一五年（平成二十七）七月一日　第一刷発行

著　者　ジョン・ブリーン
発行者　吉川道郎
発行所　株式会社　吉川弘文館
東京都文京区本郷七丁目二番八号
郵便番号一一三―〇〇三三
電話〇三―三八一三―九一五一〈代表〉
振替口座〇〇一〇〇―五―二四四
http://www.yoshikawa-k.co.jp/
印刷＝株式会社 平文社
製本＝ナショナル製本協同組合
装幀＝清水良洋・宮崎萌美

歴史文化ライブラリー

1996.10

刊行のことば

現今の日本および国際社会は、さまざまな面で大変動の時代を迎えておりますが、近づきつつある二十一世紀は人類史の到達点として、物質的な繁栄のみならず文化や自然・社会環境を謳歌できる平和な社会でなければなりません。しかしながら高度成長・技術革新にともなう急激な変貌は「自己本位な刹那主義」の風潮を生みだし、先人が築いてきた歴史や文化に学ぶ余裕もなく、いまだ明るい人類の将来が展望できていないようにも見えます。このような状況を踏まえ、よりよい二十一世紀社会を築くために、人類誕生から現在に至る「人類の遺産・教訓」としてのあらゆる分野の歴史と文化を「歴史文化ライブラリー」として刊行することといたしました。

小社は、安政四年（一八五七）の創業以来、一貫して歴史学を中心とした専門出版社として書籍を刊行しつづけてまいりました。その経験を生かし、学問成果にもとづいた本叢書を刊行し社会的要請に応えて行きたいと考えております。

現代は、マスメディアが発達した高度情報化社会といわれますが、私どもはあくまでも活字を主体とした出版こそ、ものの本質を考える基礎と信じ、本叢書をとおして社会に訴えてまいりたいと思います。これから生まれでる一冊一冊が、それぞれの読者を知的冒険の旅へと誘い、希望に満ちた人類の未来を構築する糧となれば幸いです。

吉川弘文館

〈オンデマンド版〉
神都物語
伊勢神宮の近現代史

歴史文化ライブラリー
405

2022年（令和4）10月1日　発行

著　者　ジョン・ブリーン
発行者　吉　川　道　郎
発行所　株式会社　吉川弘文館
〒113-0033　東京都文京区本郷7丁目2番8号
TEL　03-3813-9151〈代表〉
URL　http://www.yoshikawa-k.co.jp/

印刷・製本　大日本印刷株式会社
装　幀　清水良洋・宮崎萌美

ジョン・ブリーン（1956～）

ISBN978-4-642-75805-5